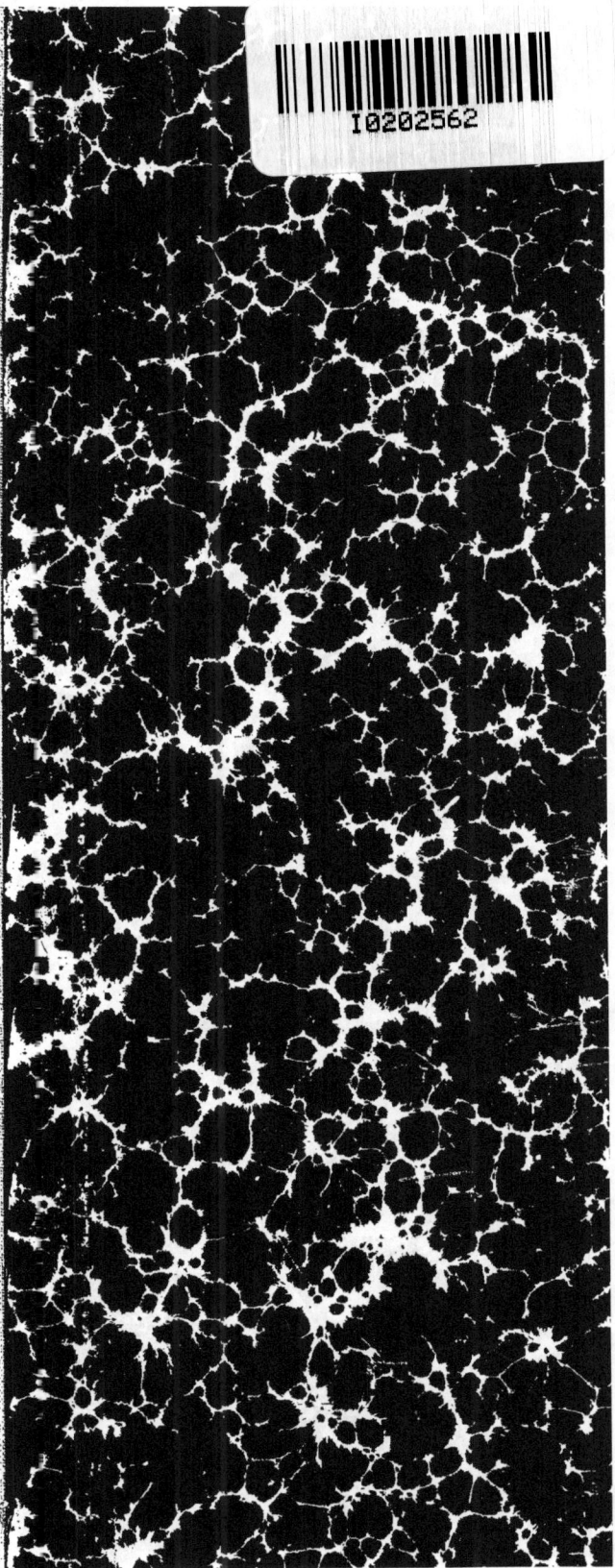

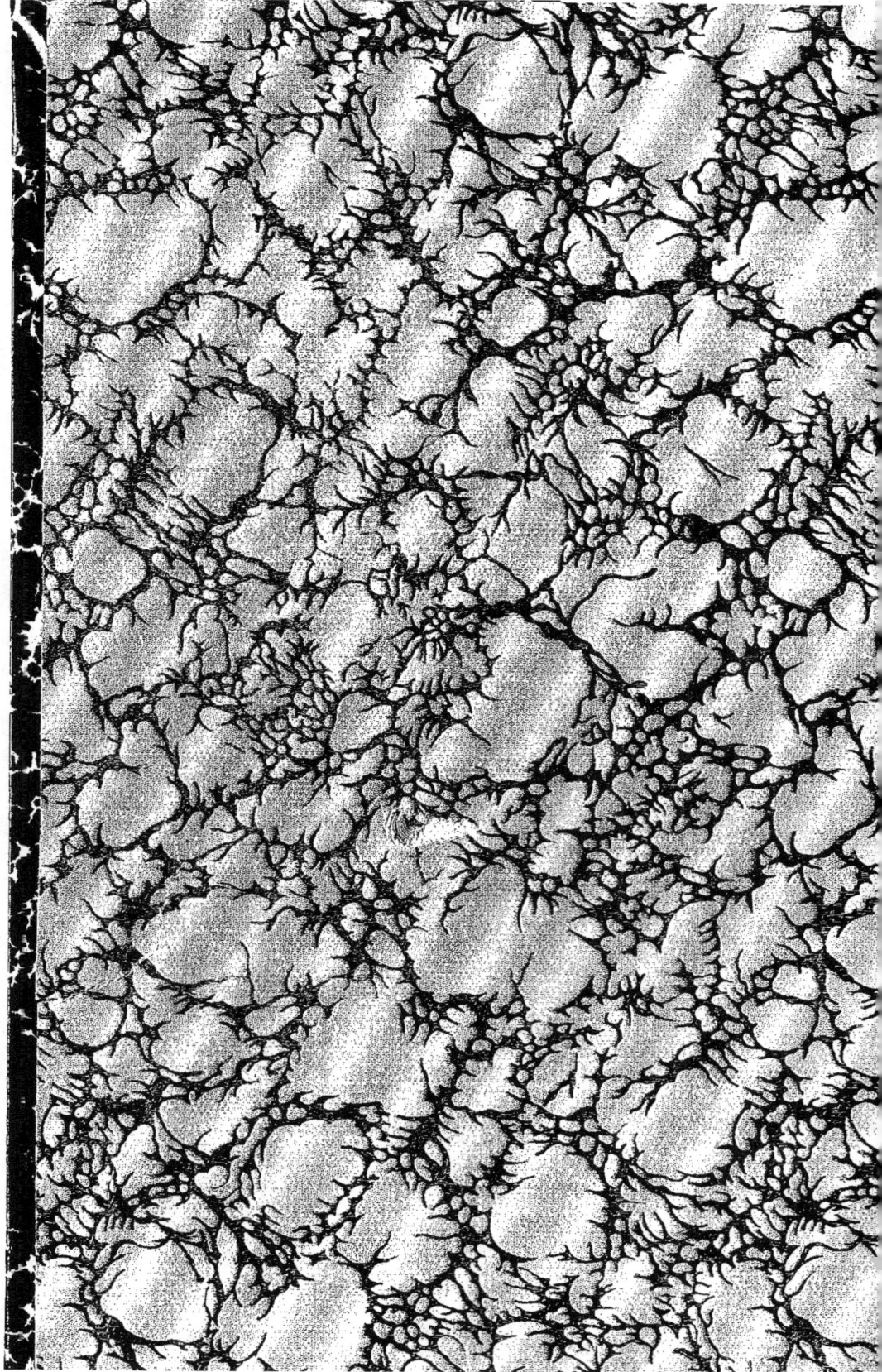

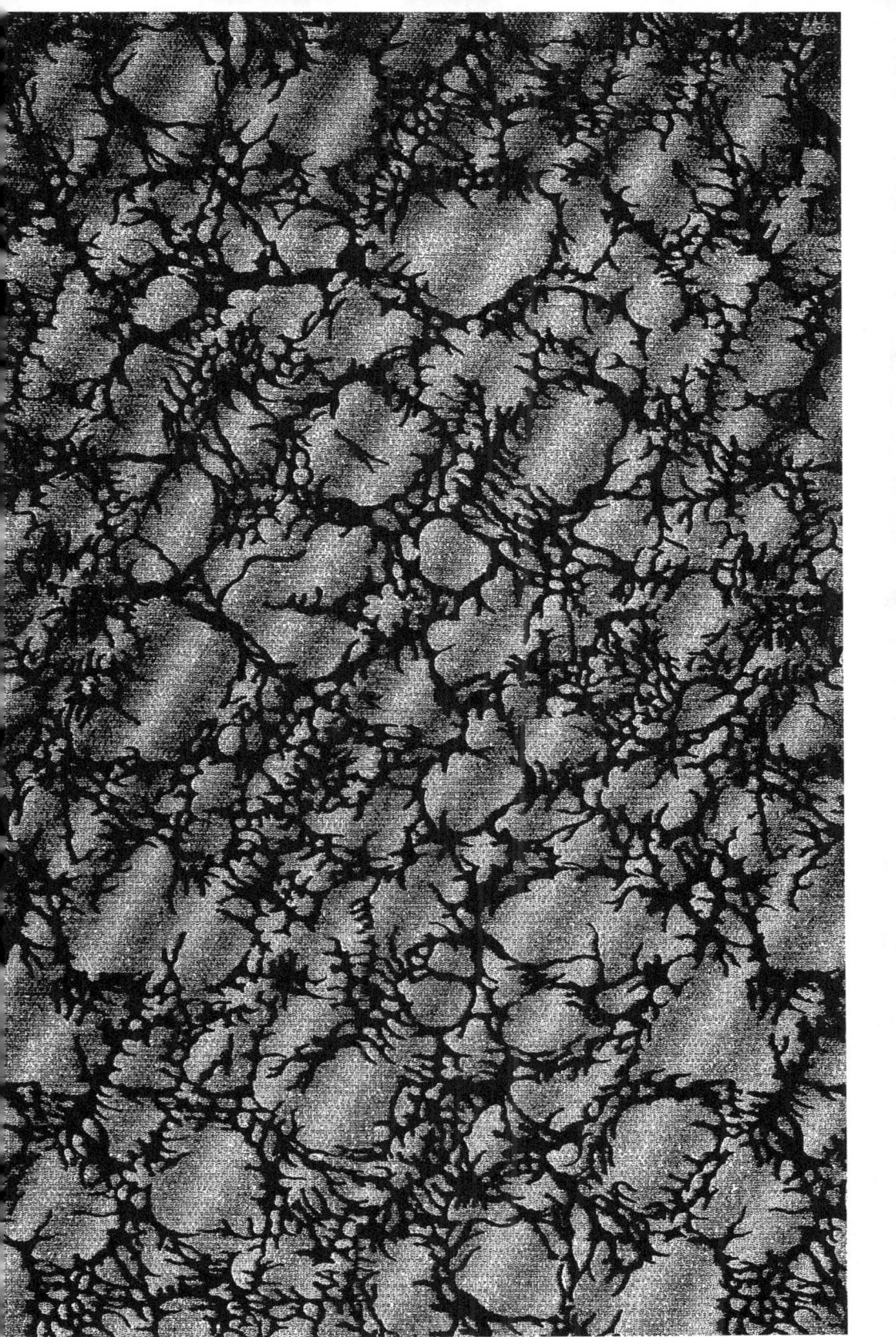

1ᵉ Partie
2ᵉ Volume

P. Traband

Fragment offert à M. lé par l'auteur posant

sa Candidature à l'Académie de ... et
Belles Lettres

Le titre devrait être : Esthétique et Archéologie

8872

ARCHÉOLOGIE

PEUPLES PRIMITIFS & COLONS

EGYPT-ETHIOPIE, ASSOUR-PHÉNICIE

LA GRÈCE, ROME & LES ÉTRUSQUES.

ARCHÉOLOGIE

THÉORIE ET PRATIQUE

~~~~~~~~~~~

UELQUES personnes se demanderont comment cette étude, qui vise moins au style qu'à la patiente élaboration, devient la suite de la précédente (1) ; comment la recherche des faits peut se combiner avec l'appréciation des produits les plus ingénieux, et elles ne tarderont pas à reconnaître que, de tout temps, ce procédé fut familier à ceux qui eurent le soin de réfléchir ou la faiblesse d'écrire.

---

(1) *Esthétique*, 1er vol.

Différents sujets se présentent avec une attraction marquée,
et quand j'ai allié l'archéologie à l'esthétique, j'ai moins cédé à
la fantaisie qu'au mode le plus favorable pour fournir des fruits
abondants et savoureux ; procédant des idées générales issues de
la méditation et de la lecture pour arriver aux idées particulières
plus nombreuses, explicatives des premières, qui constitueront
toujours la base fondamentale du domaine scientifique.

Cette méthode a été reconnue celle des meilleurs esprits, auxquels j'ai emprunté une notable part de mes connaissances, et
l'histoire nous rapporte, par exemple, que l'athénien Philostrate
ne dut le succès de ses conférences sur l'art qu'en exposant la
vérité des faits jointe à la critique.   ·

Il en résulte pour tous l'obligation d'observer, de penser et
d'écrire décemment, bien que les mots importent moins que les
idées, et c'est le propre des ouvrages pensés. Ceux qui observent
avec justesse, remarquez-les au milieu des Sociétés savantes,
sont aussi utiles que ceux qui apprennent abondamment.

L'archéologie, vaste science dont l'étendue peut excéder nos
forces, est le recueil des opinions et des travaux sur les témoignages, les reliques du passé. Qu'ils prennent les proportions
d'un monument ou d'un objet tangible, imagé, ils se recom-
mandent à l'estime des laborieux investigateurs qui, ayant le
culte de l'archaïque, se passionnent pour la vérité qu'ils cher-
chent pieusement dans l'histoire, « cette œuvre faite pour
l'éternité (1). » Et celle-ci n'a pas de base plus impartiale que
l'archéologie, consacrée le plus souvent à la tradition des arts,

(1) Thucydide.

quelquefois applicable à l'enchaînement des choses humaines ;
car, chaque type, tout caractère est le réel progrès des idées qui
l'ont devancée. La sympathie qu'elle a excitée se remarque
surtout aux siècles de réveil, alors que l'humanité éprouve un
juste besoin de connaître le vrai, le bien et le beau. « Les belles
souvenances du passé sont l'exemple de l'avenir. » Le mouvement est significatif au XVIᵉ siècle, marqué au XVIIᵉ, encore
plus étendu au suivant. L'imitation de l'antique et l'anthropologie entrevue n'auraient-elles pas, dans une mesure relative,
conduit les Français, *rerum novarum cupidi*, à la commotion
révolutionnaire?

De notre temps, cette étude s'est assez généralisée pour que
le monde ait compris les avantages des connaissances esthétiques
basées sur les révélations du passé et les comparaisons auxquelles il est permis de se livrer ; l'attraction qu'elle inspire vient
de ce qu'elle nourrit l'esprit, éveille l'imagination, purifie le
goût et excite une curiosité dont l'homme ne se lasse point. Ses
ressources abondent tellement qu'elle enseigne l'art, la géographie, les mœurs, le langage, servant l'application du droit,
même celle de l'économie politique (1) ; elle est comme le tronc
puissant d'un arbre séculaire dont les rameaux s'étendent au
loin.

Quels services inappréciables ont rendu la science des religions et la théorie des langages comparés pour la filiation des
races et celle des idiomes (2) !

---

(1) Dureau de Lamalle.
(2) Max. Muller, Renier, Burnouf.

Qui nous apprendrait la loi des chrétiens catéchumènes timides ou opprimés, si ce n'est la sépulcrologie et la descente aux cryptes et catacombes (1)?

Qui nous livrerait les caractères, les usages domestiques des anciens, sans le rapprochement de certaines intonations vocales, sans la découverte des manuscrits, encore plus, des villes enfouies (2)?

Pour ma part, je remercie Dieu de m'y avoir appliqué ; dès lors, j'ai pénétré à travers la voie des mondes que j'ignorais, de cet infini qui étonne et charme à la fois entre la réflexion et la prière. Je n'y épargne point la peine : « Comme je ne souffre pas, les journées ne sont pas longues, elles me paraissent trop courtes. » L'étude a le privilége d'enchérir la valeur inappréciable du temps.

Science conjecturale, a-t-on dit, quand elle contrarie le parti pris. Quelques moqueurs lui infligeraient volontiers le mot de Fontenelle à la théologie : « Cette science où il faut déjà tant de savoir pour déraisonner. » Ce n'est pas celle des positivistes, parce qu'elle exerce le jugement tout en laissant une part essentielle à l'interprétation ; elle s'adresse aux observateurs qui, ayant médité toute leur vie, finissent par voir clair aux ténèbres et tirer du néant le récit des actions humaines. Il y a donc des ténèbres historiques et nos hommages sont dus à cette patiente et courageuse étude qui, pareille au rayon pénétrant la chambre noire, produit la lumière. Patiente, en effet, puisqu'elle

(1) Bosio, Perret, Rossi.
(2) Fiorelli.

embrasse le passé et nous lie, en raison de notre laborieuse assiduité, avec les générations éteintes; courageuse, en ce sens que les fervents sont exposés à tous les dangers de l'exploration lointaine; elle est stérile, ont ajouté les esprits les plus superficiels, et les exemples abondent en découvertes incessantes. Quel exemple plus saisissant que la découverte de cette Étrurie voisine, au point de vue des principes, des mœurs, des aptitudes, des influences sur le monde romain; de la Crimée encore et du Bosphore cimmérien? Tout au plus, science trompeuse, si l'explorateur s'empresse de conclure avant d'être éclairé; car une première opinion fausse et propagée devient difficile à déraciner.

Chez nous, le mouvement datant du retour royaliste et communal, parti de la Normandie, 1815, se traduit par l'excellente *Revue Archéologique*, 1844 ; il aurait été devancé par l'Angleterre en 1767 (1) et 1825 (2).

L'archéologie, ne traitant que des choses anciennes justement vénérées, aura la place d'honneur; chaque jour plus répandue, elle a pris faveur dans le courant des méditations attrayantes, marchant de pair avec la philosophie, que l'utilité ou la mode se plaît à perpétuer. Chez les étrangers réfléchis, elle semble dériver des fortes études helléniques, cultivées par les jeunes gens arrivés à la virilité. Ne voyons-nous pas les journaux anglo-saxons, aux articles *littérature, sciences et arts*, la placer avant les autres parties? N'est-il pas avéré que la mission

---

(1) *Anglo-Norman antiquities.*
(2) *Specimens of the architectural antiquities of Normandy.*

des représentants à l'étranger consisterait dans les saines
appréciations ethnologiques ; que nos directeurs de musées
devraient voyager pour consigner une foule de détails qui leur
échappent?

La science des découvertes est un auxiliaire puissant pour la
révélation des faits physiques et naturels, quand il s'agit de
déterminer les origines du monde, des espèces connues, de la
composition du globe. Elle n'est pas évidemment mathématique;
mais elle devient mère, crée sans rien imposer, procède de
faits toujours appréciables, permet l'induction et finit, comme
toute proposition émanant de l'intelligence et du jugement, par
former un vaste code où les générations successives puisent les
matériaux qui servent de solides fondements à l'histoire ; car,
celle-ci, trop livrée aux passions et à l'esprit de parti, est loin
d'être ce qu'on croit, l'expression écrite de la vérité. Les erreurs
qui procèdent de la légèreté ou de la fantaisie chez quelques
écrivains, peuvent avoir des conséquences d'autant plus regret-
tables qu'elles tendraient à se perpétuer.

TENDANCE ET PROGRÈS.

'HISTOIRE, cette fille insoumise, n'est point ce qu'on pense, elle devrait être comme le tribunal de l'universelle justice. Aimez l'archéologie, craignez l'histoire! Examinez les tendances, les variantes de l'ère contemporaine, théories et systèmes, et vous trouverez le même fait dénaturé ou déguisé en cent manières. Si recommandables que paraissent les traités d'Hérodote, de Polybe, n'est-il pas permis de croire que leur religion aura quelquefois été surprise (1)? Combien moins susceptible la recherche archéologique; combien plus illustre le patronage à elle accordé! Patronage facilité dans les temps anciens par l'alliance de l'art et de la philosophie (Périclès, Aristote); dans les nouveaux par celle de l'art et de la politique (chute du Moyen-âge,

---

(1) TACITE : « Maxima quœque ambigua sunt. »

2

ère moderne). Vérité déjà reconnue sous Auguste : « Toi, on t'appelle un homme de goût, un fin connaisseur en fait d'antiquités (1). »

Il faut rendre hommage à Laurent de Médicis, comme fondateur, pour avoir établi à Florence un enseignement populaire sur les monuments.

En France, les Congrès de la Société française, des académiciens à l'état indépendant ou officiel, des directeurs de musées, quelques amateurs clairsemés soutiennent le poids de l'entreprise. Les écoles instituées à Rome et en dernier lieu à Athènes, pour favoriser la peinture et la sculpture, ont peut-être remis en honneur la respectable tendance.

Nous ne sommes venus en cette affaire (2) qu'après les Allemands et les Anglais, qui par leurs collections libres résument le goût du vieux style et la passion des traditions monumentales ; tous les deux prouvent une vie intellectuelle supérieure quand ils publient de nombreux livres imagés pour les classifications, ou qu'au dire des libraires ils achètent les plus riches, les plus rares éditions. Ils viennent de créer le roman, même le tableau archéologique.

Les Italiens, les Danois, les Russes (3), les gouvernements grec et égyptien, paraissent donner une louable impulsion ; il

---

(1) HORACE : « At ipse, subtilis veterum judex et callidus audis. »

(2) Honorables exceptions : d'Agincourt, d'Anville, d'Abbâdie, Casaubon, Caumont, Commarmont, de Luynes, Millin, Mariette, Theil, Walkenaer et les contemporains.

(3) Muratori, Gronovius, Kühn, Rich, Schlegel, Drakenborch, Hageman, Bonstetten, etc.

aurait appartenu à la France de se montrer plus uniformément protectrice. L'excès administratif et l'éducation routinière nous attardent en cette circonstance comme en plusieurs autres, bien qu'on tende depuis peu, par un zèle emprunté, à mettre de l'archéologie partout. — Il est vrai que nous avons des conservateurs, comme s'il suffisait de conserver ; il faudrait s'enquérir, payer et meubler : ce qui tient plus à l'esprit public qu'à messieurs les conservateurs, à cette heure, savants honnêtes et dévoués. Je fais pourtant une distinction entre les profanes et les ecclésiastiques ; ceux-ci montrent assez d'empressement pour les théories qui intéressent les origines de la religion, et n'ont pour défaut qu'une partialité quelque peu nuisible aux données rigoureuses de l'histoire ; c'est pour cela que les Sociétés savantes se forment difficilement et sans indépendance.

Je ne trouve nulle part le zèle uni au patriotisme, atteignant le suprême degré comme en Angleterre. De là, partent des savants, quelquefois des ignorants, tous passionnés pour ravir et importer ; là se groupent rapidement de riches, d'honorables Sociétés (1). Les musées y seront bientôt l'image du monde, tous les moyens étant employés en vue de la métropole et pour la diffusion des connaissances populaires.

La direction de Kensington (2), par exemple, fonde une bibliothèque, et par une lettre courtoise s'adresse aux directeurs étrangers pour obtenir livres, livrets, copies de manuscrits

---

(1) *British archæological Association*, *Cambrian archæological Society*, et autres.

(2) Londres.

imprimés dans l'étendue de leur ressort, en offrant de solder les frais.

Toutes ces considérations m'ont conduit à publier des études dont le but va jusqu'à régler les primitives expansions, soulever la terre vierge des Indiens, remuer le sol romain, gallo-romain, énumérer les mythes gréco-latins. Je voudrais faire aimer la France moderne en expliquant l'ancienne, pour combattre l'indolence stérile des provinciaux et la suffisance personnelle des gouvernants ; car ceux-ci, retranchés dans leur capitale, ne daignent pas s'écarter des sentiers battus pour contempler certaines splendeurs monumentales, et négligent même les objets tantôt bizarres, tantôt gracieux, qui auraient meublé le plus riche musée du monde. Si chaque province, dont l'influence sur les mœurs égale celle d'un petit royaume, avait eu la facilité de vivre de sa propre vie, ses particularités auraient singulièrement captivé l'attention nationale.

La France manque de résolution, parfois de sagesse. Ses institutions fausses ou faussées l'affaiblissent journellement ; et il ne serait pas difficile de montrer que l'archéologie commence à être soupçonnée, parce que nos voisins du Nord s'appliquent depuis deux générations à cette étude d'autant plus honorée chez eux que la tradition est en honneur et qu'on n'y observe pas cette espèce de coupure, de précipice, nommé la révolution.

On parle comme topique de la Révolution française ; oui, si on espère qu'elle se fera !

Qui osera parler de la conversion morale à accomplir ?

Ah! ce langage rapporte peu ; il est comme une valeur de mince profit.

Les sciences mathématiques, les naturelles, peuvent sans inconvénient excessif être démontrées sur un point ; mais l'esthétique, l'archéologie, affaires de localité, dominées par un tel régime, risqueraient fort de dégénérer en codes de convention.

Connaît-on le mal occasionné par la centralisation ?

Aidée de la routine et des coteries, elle a la force de tuer un peuple. Cette maladie, on devrait la publier à son de trompe et la combattre efficacement.

Malheureux provinciaux, chercheurs indépendants retenus hors du centre politique ! Ils sont placés vis-à-vis des officiels comme des travailleurs industrieux à côté de fonctionnaires ou de rentiers retraités. Que Paris retienne la caisse qui solde les armées ayant pour but l'intégrité du territoire ; qu'il absorbe les produits de la terre pour se nourrir, les produits laineux et cotonniers pour se vêtir, les ouvriers qui conviennent à ses délicates industries, les agents de ses rêves financiers ; mais qu'il enlève à la France une part de ses souvenirs afin d'attirer la monnaie des touristes et de supprimer au loin les hommes d'études, c'est inexplicable ! Après la rapine, la désertion ; puis tout un monde malade aux départements ! Habiter Paris équivaut pour certaines gens à un brevet d'importance, au point qu'elles peuvent écrire sur les provinces sans les visiter ou en les traversant à la façon des trains rapides. Il faut remarquer, en outre, que la maladie administrative exerce un despotisme tel qu'on s'occupe plus des provinces voisines de Paris et du Nord français que des autres, alors que celles-ci présenteraient un intérêt généralement supérieur. L'organisation des archives départementales et communales est trop récente pour être jugée (1).

Passons une fois de plus sur ces tristes réalités et espérons nous racheter par un avenir meilleur ; il en a trop coûté de mettre à découvert nos faiblesses de caractère et d'organisation sociale. Je demande excuse et je redis bien haut : on ne marchera sans les membres déliés, qu'avec l'éternel moteur de toutes choses, la liberté.

Quant à ce travail, il n'est pas de commande, encore moins de pièces et de morceaux empruntés ; venu successivement sous la plume d'un esprit réfléchi, tenace, désintéressé, il se peut qu'il instruise, impossible qu'il amuse. Néanmoins, écrivons humblement, puisqu'il est utile et honnête d'écrire : « Nul ne peut travailler honnêtement pour lui-même, sans travailler utilement pour le monde (2). »

Quelle que soit la destinée d'un livre (3) où la critique est rapprochée de l'antiquité, les plus heureuses combinaisons du goût s'harmonisent aisément avec la froide et sévère nomenclature des faits accomplis ; d'où, le bénéfice des images gravées, non pour marquer selon l'ordinaire la légèreté du fond, mais pour tempérer la sécheresse du récit.

A quoi peuvent servir des dissertations sur des sujets connus ? A répandre une certaine clarté sur l'inconnu, à prouver que la vie d'un homme est parfois appliquée ; qu'alors même qu'il n'a

---

(1) Décret de 1853, dû à l'initiative de M. de Persigny.

(2) Bastiat.

(3) « Habent sua fata ! »

opéré nulles découvertes, il laisse avec abnégation complète ses impressions, double témoignage de son amour de l'étude et de celui bien plus persistant encore, de la patrie.

PEUPLES PRIMITIFS & COLONS

—⊷⊶⊰⊱⊷⊶—

OUR arriver à la connaissance de nos premiers parents, la voie la plus sûre est de parcourir le vieux monde dès le principe. Le devoir n'est pas seulement de procéder à l'anatomie des faits ou des souvenirs, mais de scruter la philosophie du passé afin d'obtenir la chaîne non interrompue des traditions.

La méthode critique et impartiale sera notre plus fidèle auxiliaire ; tendre vers un but, c'est marcher résolûment contre les piéges de l'ignorance ; autrement, sans but, la vie est stérile et l'homme une existence animale improductive, inconsciente, méconnaissant la loi de Dieu.

Étude comparative et expérimentale souverainement fruc-
tueuse : Comment le monde s'est-il formé? Les sciences théo-
logiques et naturelles nous l'enseignent. Par quelles successions
a-t-il passé de l'état sauvage à l'état barbare? Au moyen des
tempéraments énergiques, des patientes industries. Comment
a-t-il progressé vers la civilisation? Par le respect religieux, la
culture intellectuelle.

Le tout est, sans contredit, l'affaire des archéologues dont la
mission est vaste et exigeante. Nous sommes donc retranché
sur notre propre terrain. Tenons-nous y franchement, sans
parti pris, sans empiétement sur le domaine des politiques
qui sont censés régler, au moyen des lois, les destinées des
peuples.

L'homme est créé; il se répand en raison de ses besoins et de
ses satisfactions , à moins d'admettre la théorie qu'il n'est
qu'une dégénérescence ou un produit amélioré de certaines
espèces animales ; ce qui modifie l'idée primordiale de notre
existence et nullement celle de nos appétits. Que la création soit
multiple ou unipersonnelle, c'est une série d'opinions variables
et un avantage secondaire, si ce n'est pour l'Écriture Sainte
contrariée ou respectée.

Malgré l'obscurité de la question ou les théorèmes de l'exégèse biblique, on peut convenir que si l'origine animale inspirait
une véritable répulsion aux théologiens, elle offrait une singu-
lière attraction aux naturalistes, qui, pour sortir du doute et
simplifier l'ensemble des causes, proclament le centre intertro-
pical comme le berceau de l'humanité, patrie habituelle de
l'homme des bois, l'asiatique orang *(Pithecus satyrus)* , et

l'africain troglodyte *(Troglodytes niger et gorilla)*. Il est vrai qu'un orang fossile des Pyrénées *(Dryopithecus Fontanæ)* se rapproche plus de l'homme que le gorille (1). Ne pas confondre toutefois ces quadrumanes avec les nains dont parle Hérodote et qu'un voyageur allemand, Schweinfurth, a décrits. On assure que Miani aurait envoyé en Italie ceux troglodytes humains d'Akka.

Il faut enfin compter avec l'anthropologie américaine, qui prétend à des origines autochtones et avec le darwinisme, doctrine assez contestée.

L'évolution constante de la terre n'est que la conséquence de son passé, et cela aussi bien pour le règne organique que pour le règne inorganique. — Thèse des géologues poursuivant . l'étude de la paléontologie (2).

La science des formations graduées, dans ses justes exigences, nous demande si l'homme est antédiluvien. — Question posée et péniblement résolue (3).

Les squelettes renfermés aux lits calcaires de la Beauce, aux basses terres de Péronne, au milieu des débris jurassiques, Baux-Rouges, près Menton, paraissent antédiluviens; mais on ne s'accorde plus sur le *diluvium*. On y comprend aussi le crâne de Néanderthal, comme caractéristique de l'homme primitif proprement dit, avec son sommet aplati et l'arcade oculaire massive; c'est, d'ailleurs, l'opinion la plus sérieusement soutenue, que

---

(1) C. VOGT : *Microcéphales ou hommes-singes.*

(2) D'Archiac.

(3) Huxley, Darwin et sir John Lubbock.

l'homme primitif, pour ressembler au singe, ne serait pas de race simienne.

Je crains seulement que les accessoires des squelettes : armes, poinçons, bouts de flèches, lames de lances, quoique ébauchés, non polis, au lieu de fortifier, ne servent qu'à atténuer l'opinion. Ces instruments, d'un usage grossier dans la vie nomade ou sédentaire, ne seraient-ils pas les précurseurs des symboliques Keltes? Ces colliers de coquillages troués et enfilés (1) ne sont-ils pas le principe des colliers de verre ou de métal si usités dans l'ère suivante? On objecte qu'il n'y a nulle trace de poterie et de bronze, ce qui démontre l'ancienneté. Pourtant, il me semble impossible de prouver la vie ternaire qui est mieux caractérisée dans certaines cavernes par la présence de nombreux ossements d'animaux que l'on croit antérieurs à l'homme, tels que l'ours, l'hyène, le renard, la chèvre, les cerfs et des restes d'oiseaux, l'aigle de grande taille (2). Ces mystères s'effaceront un jour devant les progrès de la géologie comparée.

L'espèce humaine aurait donc respiré à l'époque quaternaire, peut-être tertiaire, et aurait passé, au milieu d'une nature volcanique ignée, du miocène au pliocène, en compagnie des monstres disparus et des végétaux déplacés depuis le bouleversement de notre planète (3). Cette période d'égale et universelle chaleur est un principe sujet à épuisement, dont le terme correspondant

---

(1) *Limax agrestis,* plus rarement *Helix pomatia,* déposé au tombeau comme l'huître ou autre coquille vide, signification du dernier banquet.

(2) *Falco.*

(3) Hamy : *Paléontologie humaine.*

sera le général refroidissement, qu'on peut considérer comme le mode le plus scientifique de fin du monde.

Telle n'est pas la donnée biblique qui, en contradiction avec les érudits de ce siècle, n'assure point à l'homme une antiquité excessivement reculée. La Bible, d'ailleurs, au dire de certains ecclésiastiques, ne constitue pas une chronologie.

L'usage n'en subsiste pas moins de déterminer les premières phases, dites de la pierre, par les squelettes des animaux qui avaient vécu avec l'homme ancien aux terramares (1).

On ne saurait méconnaître les cosmogonies et la cosmographie.

Cosmogonies : création successive ou exposé des systèmes : Genèse, théogonie d'Hésiode, Védas, le poème sanscrit de l'anachorète Valmiki, Eddas Scandinaves ; celles des philosophes, de Platon, de Sanchoniaton, de Berose, de Buffon, etc.

Cosmographie : description de l'univers visible ; le *Cosmos* de Humboldt est un haut traité de cosmologie.

Quelle fut l'importance du cataclysme diluvien, son étendue sur la sphère, son influence minéralogique? Autant de difficiles questions.

On sait que Théophraste écrivit deux livres sur les pierres et les corps organiques changés en pierre (2) ; qu'au XIIIe siècle, Albert le Grand ; au XVIe, Mercati, parlent de bois pétrifiés, de pierres de foudre ; qu'aujourd'hui, Heer, Unger,

---

(1) V. fin du § III : Etrusques. Terramares du Reggianais et autres.

(2) J'ai remarqué des ammonites et des encrinites conformes aux collines ou mamelons qui les portaient.

quelques Américains, formulent des opinions personnelles sur
la fossilisation. On sait les causes des bois opalisés d'Antigoa et
silicifiés de la Nubie, de la résine fossile, ambre jaune ou
succin.

LES DEUX HÉMISPHÈRES.

~~~~~~~~~~

L A vie a-t-elle commencé séparément sur un hémisphère ou à la fois sur les deux ; sous la ligne intertropicale d'un ou de plusieurs continents, ou bien encore sous l'équateur américain seul, comme le veulent les exclusifs ? Thèses des plus tenaces qui prétendent à la doctrine de l'isolement et à la qualité d'aborigènes, dès la création.

Ces derniers se fondent sur ce principe que la théogonie des indigènes du centre américain n'est point une imitation asiatique ; qu'elle est innée, presque identique, parce que le fond humain est le même partout ; ajoutant que l'homme, aux premières lueurs de sa venue, aspirant à de nouvelles régions chaudes, n'avait pas les moyens de pénétrer en Asie, soit par l'Océan, soit par le mince détroit hyperboréen, en passant d'un continent à l'autre, peu vêtu et mal approvisionné. La seule considération favorable à une création multiple et contempo-

raine serait l'élévation de température à l'époque volcanique,
alors que les végétaux, les animaux mêmes des tropiques existaient aux approches des pôles terrestres.

Cette dernière assertion m'a toujours paru avantageuse dans
l'une et l'autre thèse ; elle nous viendrait régulièrement en aide
pour expliquer la création divine spontanée ou dérivée, isolée ou
multiple en un ou plusieurs continents, si la preuve scientifique
se généralisait.

Les parages intertropicaux de l'équateur étaient parfaitement
propres à l'éclosion embryogénique et encore plus au développement de la fragile humanité, sous une zone chaude qui
permet, avant la poursuite des animaux, de vivre des sucs
faiblement substantiels de la végétation, et, à la rigueur,
sans vêtements de plantes textiles. Je crois peu toutefois à la
création multiple, bien que tout démontre jusqu'à l'évidence,
par les monuments, encore plus par les pierres taillées, que le
centre américain habité remonte à une antiquité indéfinie.
Boucher de Perthes écrit judicieusement : « Les silex taillés
sont nos premiers trophées, nos premières médailles. » Il faudrait ajouter que la pierre dure est recherchée, afin qu'elle ne
s'altère. Ces pierres ne pouvant s'user, se recouvrent, comme les
médailles, d'une patine qui indique alors une époque très reculée.
Mais les reliques mexicaines et péruviennes, conformes à nos
primitives, quel que soit l'âge qu'on leur assigne, sont bornées
à une phase néolithique.

Les probabilités sont que les premiers voyagèrent tant sur la
droite que sur la gauche, procédant par latitudes et qu'ils fré-
quentèrent insensiblement les deux hémisphères (vieux style),

l'ancien et le nouveau monde, ne connaissant d'autres luttes que celles contre les grands carnassiers (1), déposant partout les vestiges de leurs cultes et de leurs mœurs.

En ce cas, on pourrait user de la méthode *préhistorique*, qui place l'homme dans une période de générale chaleur facilitant les migrations d'un hémisphère à l'autre, même par les régions polaires (2).

Cette opinion, si elle était plus soutenue, il faudrait l'adopter; car, autrement, certaines populations postdiluviennes auraient habité un continent nouvellement découvert, plus jeune que l'autre de quelques milliers d'années.

J'ai toujours pensé que cette grave question de la création sur un hémisphère, à l'exclusion de l'autre, ne pouvait être traitée qu'en se dégageant des mesquines passions. En cette matière, comme en politique, le mot de Franklin demeure une vérité. Il faut être « plus qu'un citoyen, mais un homme, » pour émettre une impartiale opinion. Et si je parviens à formuler une croyance personnelle, c'est que je me dégage des conditions ordinaires de nationalité, prenant pour guide mes propres sentiments, sans parti pris, sans arrière-pensée.

Je n'accorde la priorité au continent asiatique qu'en raison des preuves que semblent manifester la configuration du sol, les révolutions des hommes, mieux encore, les races types originaires.

La tradition, qui aura toujours une solennelle valeur, ne peut

---

(1) LUCRÈCE : « Arma antiqua manus, dentes unguesque fuerunt. »

(2) Voir page 32 : du *Préhistorisme*.

4

comme moyen, être mise de côté. L'homme, créé aux terres chaudes de l'ancien monde, aurait, dans la période terno-qua-ternaire, passé facilement sur le nouveau, d'autant plus que la solution de continuité n'existait pas encore, ou bien aurait abordé dans la période postdiluvienne, c'est-à-dire à une époque relativement peu éloignée de la nôtre et plus éloignée de la création, avec les faibles moyens d'existence à sa portée.

Les preuves en seraient fournies, au dire des antiquaires américains, par les débris trouvés sous les villes enfouies, comme ces alcarazas des plus vieux tumulus de l'Arkansas.

On a donné pour raison de l'égale ancienneté des hémisphères les similitudes architectoniques et céramiques. Dans la Nouvelle-Grenade, centre équatorial de facile existence, les poteries offrent les rayures et les hachures phéni-germaniques; et pour pénétrer plus avant, ce mot hachure (1) ne serait-il pas dérivé de hache, lequel est kelte de forme et d'intention? Enfin, les rapprochements vont jusqu'à confondre ces poteries équato-riales avec nos informes et naïves gauloises. Les mêmes figures lunaires sont marquées sur la panse, avec cette différence qu'au Mexique, au Nicaragua et au Pérou archi-historiques (2), indépendamment des vases à figures, beaucoup revêtent la forme humaine grotesque, mais bien caractérisée. Serait-ce un raffinement ou une dépravation du goût?

— Visiter les collections mexico-péruviennes pour constater

---

(1) Proposition d'autant plus sérieuse que le rapport des deux noms existerait dans les langues indiennes.

(2) Collections du British-Museum et du Louvre.

ces ressemblances avec l'art des Indous et le Celte-gall ou même le Phéni-cypriote.

— Remarquer que les collections péruviennes présentent des formes et des dessins plus réussis que les mexicaines (1).

Cette prétendue universelle instantanéité de formes modelées et ornées, est constatée chez tous les peuples ; ainsi, des haches et ciseaux en pierre *(donnerkeile)* ont été récemment découverts à Acora, côte occidentale d'Afrique. Les explorateurs de la Polynésie rapportent que l'île de Pâques (Waïhu ou Rapanaï) apparaît avec tous les mystères du monde antédiluvien. Sans compter les hommes de douze pieds et les femmes de dix pieds, entrevus ou imaginés par les navigateurs de 1700, le merveilleux semble avoir frappé les yeux de Cook et de La Peyrouse. Mais si les géants ont disparu, ceux-ci ont constaté des réalités, des analogies, comme les colosses lapidaires qui sont décrits et désignés par les noms des princes et des héros auxquels ils étaient consacrés, Mango-toto et Hoa-Kaka-Nana. La figure de celui-ci, dont le nom est péruvien par les deux premiers termes et bengalique par le dernier rappelant Nana-Sahib le cruel, est à Londres.

Outre ces pierres gigantesques, l'île offre un grand nombre de figures en bois, des peintures murales, des façons de hiéro-glyphes. L'infatigable Markham conjecture que les monuments sont en rapport intime avec les débris de la culture qu'offre encore le lac péruvien de Titi-Cac. Notez, ce qui n'est pas indif-férent, que Pasche-Eyland est l'île la plus volcanique dans les

(1) British-Muscum.

solitudes de l'Océan, affinité ou sympathie des Polynésiens primitifs pour le monde du chaos ou d'une période ternaire-humaine.

Et encore, que de vastes régions de notre globe à explorer ! Nous constatons les analogies naturelles mythiques de l'île de Pâques et de certains groupes voisins avec la côte péruvienne et occidentale. Les analogies diminuent et se modifient à mesure qu'on s'écarte de la côte et qu'on avance vers les centres malais. Mais si on voyage en Nouvelle-Zélande ou en Nouvelle-Calédonie, de nouveaux rapprochements s'opèrent avec les îles de l'archipel indien, et le rapport s'explique encore. Qui n'a vu, en estampe du moins, les roches d'Otuiti (Davies Island) taillées grossièrement en figures?

Donc, toujours cette conviction que la civilisation du fétichisme ouvré s'est fait jour par les côtes des continents ; de là, aux îles les plus proches.

D'autres s'appuyent, non sans raison, sur l'étude des squelettes (1), surtout celle des crânes (craniologie), qui comprend les systèmes de comparaison et de mensuration, dont le plus ingénieux appartient à Wirchow et Welker. La confrontation des crânes ne permet pas d'exagérer l'ancienneté des couches humaines, et conduit à cette donnée scientifique que le défaut d'harmonie, entaché d'exiguité, marque essentiellement le *préhistorisme* : les préhistoriques n'étant pas ceux que l'histoire passe sous silence, mais ceux qu'elle ne fera jamais connaître.

---

(1) Rapport des Esquimaux avec les hommes des cavernes du Périgord ; du squelette de Menton avec la race libyenne.

Le colonel Lane Fox soumet à la Société Anthropologique, à propos de ses remarquables collections, une méthode nouvelle : la classification sociologique, comme préférable à la géographique.

A l'âge du fer, les hommes sont de taille élevée, à tête *dolichocéphale*, très allongée d'avant en arrière, en opposition aux *brachycéphales* (1) ; tandis qu'à l'âge suivant, l'harmonie des formes se montre comme aux beaux crânes trouvés dans l'Amérique du Nord.

Par les sauvages des Amériques, principalement par ceux du Nord, détail précieux à ne point négliger, les premiers explorateurs apprirent de quelle manière les primitifs avaient obtenu les variétés brillantes des éclats (silex, jade, quartzite), ces couteaux et flèches, même ces nombreux poids dont quelques-uns avaient servi à moudre les grains. C'était en se servant de bois dur ou en martelant sur le silex brut, pour faire sauter les éclats (2).

— Rapprocher les objets d'Amérique de ceux de notre hémisphère, âge de bronze et de cuivre, à l'exception du fer qui n'était pas ou plus employé en 1492.

J'aime mieux, pour les conclusions, le principe des phases religieuses que celui de l'usage simplement naturel de la pierre et du bronze ; et pour juger une phase religieuse ou toute existence antérieure, j'observe les habitats même grossiers ; je recommande, de plus, la philologie, ce radieux phare tournant des mystères humains. Sous ces deux rapports, notre monde paraît le plus

(1) De Quatrefages.

(2) Hernandez et Torquemada fournissent des renseignements pris chez les Mexicains.

ancien ; car les cavernes troglodytiques sont assez nombreuses
où la poterie fut inconnue, où l'usage du silex éclaté et du bois
de renne, de cerf même sculpté était maintenu après avoir assisté
à la fuite du mammoth, du grand cerf, du rhinocéros. — La
Gaule-France en contient plus de trois cents. MM. Lartet et
Christy prouvent une vie sociale lente, mais progressive, avant
le dernier grand mouvement des mers, par la découverte d'un
ivoire de mammoth avec une gravure reproduisant l'animal, des
palmes de renne avec figures de rennes, d'aurochs, etc.

Quant à nos langues, elles ont une énergie phonique incomparable à celle des Indo-Américains.

Au point de vue de l'idolâtrie, on pourrait faire un travail qui
serait en quelque sorte l'appendice de celui que nous présentons
pour les vases tournés ou pétris. Ainsi : les dolmens, les vastes
tumulus, les statues taillées dans le roc et celles-taillées dans les
arbres. Pour ces dernières, les Indiens du N.-O. de l'Amérique
septentrionale laissent encore voir quelques spécimens qui ne
sont que les immenses troncs de leurs pins, les plus plantureux
du globe (Seh-quo-yah).

Cette phase, qu'on peut placer au lendemain du déluge, doit
être considérée comme le principe de la locomotion humaine et
d'une universelle tendresse condamnée à une courte durée.

INDO-ASIE.

~~~~~~~~

S I l'on accepte ma thèse de la création Asie-Centrale (1) et du double mouvement à droite et à gauche, on acceptera cette conséquence logique de la rencontre du symbolisme sur le sol australien, en admettant les arcs de cercle qui ont longé les continents indo-asiatique et américain pour rentrer par les archipels polynésiens.

Il est impossible de nier les affinités des temples indo-brahmaniques et boudhiques avec les mexico-péruviens et celles de ces derniers avec les polynésiens ; puis, la corrélation, quelque minime qu'elle soit, de tous avec l'Europe centrale, Kelte et Galle. Enfin, nul n'ignore que la pyramide, cette forme des équilibristes ingénus, a été pratiquée chez tous les aborigènes à la même époque.

(1) MICHELET : « La matrice du monde. »

Tout cela suppose que le monde remonte à une antiquité considérable, sans prouver que la création a été multiple ou unipersonnelle sur un ou deux hémisphères, à plus forte raison antédiluvienne. De plus, pour admettre la création multiple et simultanée aux hémisphères et aux continents, il faut nécessairement que l'homme soit né à l'époque terno-quaternaire ou bien qu'il ait passé d'un continent à l'autre avec des moyens pratiques, assez protecteurs de l'existence, soit de nourriture, soit de vêtements. Quant aux symboles identiques, ils prouvent partout une naissance reculée, mais pourtant postérieure à certaines convulsions terrestres ; car ces témoignages de pierre polie, même de poterie pétrie, sont relativement récents, à côté de la création qui les a précédés d'un nombre de siècles incalculables. La science restera, sur ce chef, quelque temps muette ou conjecturale. Le point capital est dans la découverte de l'homme antédiluvien, qui n'est pas suffisamment découvert (1). Et pour tout dire, entre le diluvium des géologues et celui de la Bible, lequel est le bon, le vrai point de départ de la difficile question ?

En se plaçant sur le terrain de la création unipersonnelle, en assignant au premier né l'Inde pour berceau, si l'on veut Ceylan, et plus précisément le cap ou le pont d'Adam, il n'est pas déraisonnable de tracer la marche de la manière suivante :

1° De l'Asie vers l'Océanie et l'Amérique.

2° De l'Asie vers l'Afrique et l'Europe.

---

(1) Il importe de multiplier les collections pour l'anthropologie et la paléontologie.

De l'Indus au fleuve Bleu, les foules, négligeant un moment l'Irân et le Thibet, deviennent les parents des Mongols et des Mandchoux. Celles-ci, aborigènes sans nom, émigrent en Amérique, non par le détroit glacial, mais plus aisément par la pointe Kamschadale, en suivant les Kourilles et les Aléoutiennes. Lisez de chaque côté les noms à suffixe identique : cap Lepatka, presqu'île Alaska et tant d'autres ; puis les mêmes désinences se continuent en nous montrant la voie des premiers Indiens, comme l'île Nootka, célèbre par sa naïve idolâtrie. Plus loin encore, sur cette côte formée par un sentier abrité, le long des deux Amériques, se développeront les débonnaires tribus indigènes anéanties par les modernes flibustiers ; la face océanique polynésienne vouée au fétichisme et aux grandeurs architectoniques, malgré les barbaries avouées aux temples du Soleil, Mazatlan, Tehuantepetl, Cuzco, Arica (Aréquip , Arauc, Arizon) (1), bien avant la face atlante, anglo-saxonne et hispaniole. — Les Aztèques, les Incas avant Colomb, Cortès et les Yankees.

Après tout, y aurait-il présomption à indiquer l'ébranlement primitif par la rencontre des similaires? On trouve au Texas des hiéroglyphes comme en Égypte.

Je suis, au contraire, décidé à reconnaître ces traces comme l'indice rationnel de l'enchaînement des plus anciennes migrations. Avec cette méthode qu'il est plus difficile de renverser que d'établir, on parvient à lier les peuples éminemment initia-

---

(1) W. Bollaert : *Peruvian antiquities.*

teurs, à n'avoir plus qu'à compter entre ceux-ci et leurs conquérants subtils, égoïstes, barbares.

En fin de compte, le sens de cette marche serait seul le sujet
des contestations ; il s'agirait, en s'appuyant sur les données
acquises, de prouver lequel des deux, usant de la Côte Pacifique
et des passes du Nord, s'est le premier avancé sur le continent
voisin. Magnifique problème dignement posé ; thème oiseux
ou puéril, alors qu'il est dicté par l'amour-propre des parties
intéressées.

Reste la question à l'ordre du jour. — Que sont devenus les
primitifs après leurs pérégrinations, leurs mélanges forcés ou
attractifs ? Travail immense pour lequel la philologie et la
géographie suffisent à peine.

Il ne serait pas sans profit de publier une carte du symbolisme correspondant à celle de la civilisation graduée, et la tâche
est moins ardue en ce moment d'études avancées. Je recommande assez souvent l'emploi des cartes appliquées à toutes
sciences descriptives. La carte est à la fois un mode de présen-
tation et d'exactitude, surtout pour l'ethnographie.

Les premiers, chasseurs puis cultivateurs, ayant suivi les
fleuves, ces routes prédestinées, ont formé au milieu des terres
fertiles, une couche de colons innommés, auxquels sont associés
les colons géographiquement nommés et superposés. — Tel
serait le mode de formation originelle.

Un éclaireur, un pasteur nomade, un laboureur, puis un
intrigant, enfin des agresseurs, après eux des législateurs ; tels
furent les occupants successifs de la terre.

L'Indoustan avec ses puissants fleuves engendrés par l'Himalaya, dont le téméraire front interroge les cieux, serait la source humaine, à moins de croire à un dérivé plus ancien, celui de l'Indo-Chine.

Quant aux fleuves, on le verra par les cours d'eau annamites et chinois, par le Nil et l'Euphrate, puis, en moindre importance, par le Rhône, le Rhin et le Danube ; ils sont les voies des peuples dans l'enfantement même, celles de tous les êtres qui se meuvent. Pour cette cause, le littoral de la mer, la rive des fleuves profitent à l'explorateur qui cherche la trace des anciens. Le Gange et l'Indus sacrés servent de voies sacrées ; ils sont à l'Inde ce que l'Euphrate est à l'Assyrie, le Nil à l'Égypte ; ils naissent exubérants aux pieds des monts inaccessibles. Tous les fleuves découlent des colosses montagneux, et c'est à leurs sources intarissables que l'homme altéré a vu le jour, s'abritant sous les plus réelles magnificences de la nature. « Les civilisations sortent de l'idée de Dieu, comme un fleuve de sa source (1). »

Dans la Genèse indoue, plus ancienne que la nôtre de six mille ans, Adima (Adam) et Eva sont en scène. Adima commet la faute et la femme en profite pour avoir mérité dans l'Inde une déférence qu'elle n'a pas obtenue en Europe depuis Moïse. Seuls les Bibliques israélites et chrétiens libres tendent à émanciper la femme. L'Amazone gréco-latine ne prouvait pas la tyrannie, mais la conviction qu'on avait de l'aptitude de la femme, même à la guerre. Qui, de notre temps, songerait à l'Amazone !

---

(1) Edg. Quinet.

Les révolutions humaines n'ont plus voulu de la Genèse pan-
théiste, d'un système qui excluait l'homme de l'autorité divine.
L'Indianisme, à ce jour, modifie un peu l'opinion des penseurs
modernes qui reconnaissent le caractère honnête, grandiose de
la Genèse indoue, aux quatre livres des Védas.

Peut-être que le panthéisme indien a été taxé d'immoralité,
parce qu'il semblait anti-national. En tout cas, l'Inde, dont
les monts élevés dominent si fièrement les fertiles plaines,
avait tout pris de haut.

Veut-on un exemple de sublime poésie (1)? « Le Gange qui
roule, c'est Dieu! la mer qui gronde en courroux, c'est Dieu!
les vents qui mugissent, la brise qui murmure, c'est Dieu!
l'éclair qui brille, le tonnerre qui éclate, c'est Dieu! l'oiseau qui
chante, la fleur qui parfume l'air, c'est Dieu! l'amour qui fait
vivre et mourir, c'est Dieu! »

« Dieu est tout, partout, en tout; il est dans ce qui est, vit
et respire. »

Et Krichna, n'est-il pas tout poésie?

Selon un théoricien qui cherche la précision, l'homme aurait
vu la lumière à Ceylan, paradis terrestre, attenant avant les
dernières commotions au continent, vers lequel il aurait nagé ou
vogué. Grave conjecture! L'opinion des anciens Portugais était
qu'Adam, aimant à se promener avec Éve jusqu'à la côte de
Malabar, avait jeté un môle entre l'île et le continent. Aujour-
d'hui encore, les Indous reconnaissent et vénèrent certains restes
dans les bancs de sable, qu'ils nomment Pont de Râma.

---

(1) *Sama-Veda.*

L'homme naquit aux couches épaisses du globe, et le centre populateur, se rapprochant des rives, aurait couru vers les bases inférieures les plus propres à subir la conquête.

Nous avons expliqué, à un point de vue spécieux, l'immigration asi-américaine ; étudions celle qui forme notre Europe si émouvante ; mais observons, ce qui ennoblit singulièrement la nature humaine, que le spiritualisme est un principe auquel ne dérogent jamais les vieux peuples connus. Ainsi le Dyaus des Védas n'est pas le ciel bleu, il est l'invocation, la prière.

> *Dyaus pitar.*
>
> Ζεὺ πάτερ.
>
> Jupiter, *Jovis pater.*
>
> Dieu père, qui êtes aux cieux.

Conformité avec la prière aryâne : « Ciel Père. »

ARYENS ET TOURANIENS.

~~~~~~~

U continent indien, de ce centre actif qui, comme
le temps, Χρονος, coule toujours (1), les premiers
nés se divisent par besoin ou par hostilité : les uns
sont voués à la plaine agricole, laborieux, sédentaires, industrieux et d'après les livres saints, poètes inspirés
(Aryens); les autres (Tourâniens) nomades, plus montagnards,
agressifs, acclimatés de bonne heure aux âpres vallées thibé-
taines, ayant incliné vers le Céleste Empire, puis donnant lieu
aux races altaïques, composent enfin les Annamites, les tribus
indo-sines, mongoliques et mandchouriques; d'où les Tartares,

(1) Le sablier signifiait l'action indéfinie.

les Samoyèdes et Finnois, Fennes dérivés des Kalmouks (1),
y compris les Huns barbares.

En consultant les langues de la famille altaïque ainsi que la
littérature sine, on saisit les rapports des tribus d'essence
touranienne.

— Considérer le rapport avec Alt-Turâ de Hongrie et celui
quoique improbable avec les *Turones* (Tours en Gaule). Ce
dernier séduirait les érudits qui placent les Liges, pères des
Ligures, sur la rive gauche de la Loire, *Liger* (2).

Il existe Udji-Touran dans le Khotan, extrémité occidentale
de l'empire chinois. Encore en Cochinchine, une ville du nom
de Tourâne qui ressemble à un refuge des derniers poursuivis
jusqu'aux plages océaniques.

Parmi les premiers Indiens du Gange qui remontaient le
fleuve, le passaient et opéraient un détour au Bhoûtan, quelques-
uns dûrent se déverser sur la Touranie, allant de la source des
fleuves (Meï-Kong, Yang-tse-Kiang) à leurs embouchures.
Cette contrée, par la configuration des chaînes de montagnes et
des vallées qui marquent le Thibet, ressemble, en effet, à un
déversoir.

Principe ethnographique : Les peuples ont des mouvements
instinctifs assez semblables aux coulées terrestres qui procèdent
des lois cosmiques.

En feuilletant certaines cartes allemandes, on lit toutefois le

(1) Castren : *Leçons de Mythologie finnoise*.
(2) Savante controverse à cet égard.

nom d'une contrée centrale, *Tûran*, souche d'expansion, située entre la mer d'Aral et la Tartarie Kirghise. — Toura, rivière, coule en Russie d'Asie Permique.

AR ET TUR.

O n a beau indiquer des divisions basées sur la tradition non légendaire et l'observation positive, il y a toujours un peu de confusion ; car nulle étude n'est plus confuse, malgré les méthodes adoptées par les studieuses Académies. Exemple : Les Touraniens ont engendré les Tartares Turks ; et le Turkestan, sorte de Touranie dérivée, n'est pas éloigné d'Aral, de Kandahar, dont les racines et les désinences répétées se confondent. Inconséquence ou exception qui n'infirmerait point la règle, à cause des bizarres migrations des tribus nomades.

La règle tombe sous les sens et les initiales syllabiques *Ar* et *Tur* se rencontrent à chaque instant en ethnographie, non pas au lieu d'origine même, mais sur la route parcourue. Les citer toutes, serait difficile ; il suffit de les lire en partie ou de les entendre.

La linguistique n'est-elle pas une base de conviction? Elle avance avec non moins de jugement que d'esprit, que les initiales modifiées par une seule lettre significative, comme *M* dans *Maria*, donnent l'étendue ondulée, la plaine liquide devant *Ar* eau courante, limitée : « *Et vocavit Deus A-ridam terram congregationesque aquarum, appellavit M-aria.* » Genès., cap. 1 v. 10.

Le premier radical signifiant un cours d'eau entre le co (thûr), la porte des montagnes (turris, thor, door), se rencontre au traversé de l'Indus, à travers l'Inde citérieure, à l'Arie des Perses, en Arachosie et spécialement sur les bords du torrent Arabis, le père naturel des Arabes et des Arabites (1).

Après cela, viennent les monts Arivali entre Hyderabad et Bombay; le lac Aral, et au nord, la ville d'Aralsk, la rivière Aras entre le Caucase et le mont Ararat, l'Arménie, les Araméens, les Arcadiens, Arva (frères arvales), nos Arvernes, Arwe en Hongrie, Arn en Toscane et en Albanie, Aâr racine ou terminaison, multipliée à l'infini; et du côté indo-sine, l'Aracan seul.

On a dit avec raison que Ar était le principe peuplant situé entre les deux fleuves sacrés au pied des monts, et que Tûr était la masse inculte et pesante, le Thibet avec ses escarpements et ses vallées interminables; or, des principes contigus ne pouvaient que suivre et se rencontrer.

On a remarqué que les deux primo-radicaux, tantôt s'allient,

(1) Consulter Erathosthènes, Strabon et de nos jours Bopp : *Grammaire comparée des langues aryânes.*

tantôt s'excluent selon les troubles des nationalités. La poésie caledon-scandinave met en scène Ocin et Ossian, de provenance hindou-aryâne, visageant les Finnois et les Esthoniens opposés en principe ethnique, sans parvenir à les subjuguer, par la pensée et le cœur. Les moins judicieux ne contrediront pas que le génie touranien est notamment exclusif ; dans le vaste empire sino-mongolique, sur la droite, il n'y a nul élément étrange introduit. L'accueil sympathique n'est pas leur fait, et ce fut la coutume de la Chine et du Japon (cipengo) de tenir l'étranger à distance.

Que d'efforts incessants de la part des Anglo-Saxons, des Germano-Suisses ; que de lenteurs à eux imposées avant d'y planter leurs drapeaux religieux et commerciaux ! Il faut la ténacité ambitieuse de ces Occidentaux, la passion des fortunes rapides, le sentiment très élevé des découvertes scientifiques pour surmonter le dégoût que peut imprimer une foule de tentatives avortées (1).

C'est le contraire du côté gauche aux Indo-Arabes, bien que l'Islam fataliste de l'ère moderne ne soit pas empressé vers les nouveaux venus. Heureusement pour la sainte cause, le culte de la nature (Olympe et Judée) avait grandi la Grèce et Rome, et le Christianisme (amour et devoir) avait déposé ses plus fécondes semences.

Un petit coin de terre devait être le moule de presque toutes

---

(1) Le journalisme anglais, allemand, américain emprunte une notable part de son intérêt dans les affaires de la Chine et du Japon.

les révolutions morales : la Phénicie, qu'on n'étudiera jamais assez (1).

Si je parcours les musées, je suis frappé par l'art isolément oriental, autrement que par celui de la Haute-Asie ; puis je trouve dans la vie orientale le germe européen, et par suite un souffle vivifiant qui est comme l'âme du mouvement indéfini vers les régions occidentales. Comme notre Europe a été maîtresse d'elle-même quand elle a passé pleine de vie l'Atlantique, non pour donner la clef de toutes les tendances, mais dans le sens humain, celle des arts nouveaux et de la politique !

---

(1) Bunsen : *Le Christianisme et l'Humanité.*

AGE DE LA PIERRE ET DES MÉTAUX.

~~~~~~~~~~~~~~

Es premiers temps de l'humanité ont été longs d'une série de siècles; l'homme intelligemment groupé dans une période relativement courte, progressa très vite, en ce sens que de l'âge de la pierre à celui des métaux, la distance dut être insensible.

On signale l'absence des métaux ouvrés dans quelques stations lacustres, puis aux cavernes hautes (1) ; il n'en est pas de même aux cavernes basses où ces métaux, quoique rares, sont quelquefois confondus avec les os du renne, les pierres polies : mélange d'armes et d'outils pour l'attaque, et le façonnement, enfin de symboliques toujours nombreux (2). Ces cavernes prouveraient la vie préhistorique, puis viendrait la succession

---

(1) Desor : *Les Palafittes ou constructions lacustres.*
(2) Même vol. : Stations lacustres.

des races connues, succession constante selon les siècles et
les idées.

Ne perdons pas de vue que les degrés de la civilisation diffè-
rent absolument selon les contrées. L'Égypte, par exemple,
brillait par ses lumières quand les Gaules étaient plongées dans
une profonde nuit; et ces temps ténébreux, plus de mille ans
avant l'ère vulgaire, constituent selon moi la période *préhistorique* sur laquelle les archéologues devraient s'entendre une fois
pour toutes.

ORIGINE DE LA MÉTALLURGIE.

L'ARCHÉOLOGIE, par la dénomination d'âge de bronze, basée sur un ensemble de faits positifs, établit que pendant une longue période, le bronze a été seul connu et employé, à l'exclusion des autres métaux. Cette assertion trop absolue paraît au plus admissible pour l'Europe, encore dans sa partie occidentale.

La découverte en métallurgie peut s'entendre aussi bien du fer que du bronze ; or, il faut admettre qu'en raison de sa ductilité, l'emploi du bronze a dû être préféré pour la fabrication des pièces qui primitivement étaient fondues et coulées : armes et agréments de parure. Le fer pouvait n'être utilisé que pour les outils, les gros instruments et ne pas figurer dans les sépultures.

Disons de suite que le fer, primitivement inventé à cause de l'affleurement des minerais, quelles que soient les prétentions de certains savants à la priorité du cuivre, était plus spécialement affecté aux besoins de la vie et qu'il a péri rapidement par la rouille, alors que le cuivre résistait presque sans oxydation. Il est vrai que la fusion du minerai de fer exige une chaleur plus intense, à laquelle on aurait pourvu par des méthodes originales.

Pour se convaincre, observer les collections gréco-romaines, où le fer se montre toujours rare, quoiqu'il eût été d'un emploi réitéré. Les textes les plus anciens ont des expressions que les traducteurs et les commentateurs appliquent au cuivre, à l'airain, au bronze, au fer et même à l'acier, sans qu'il soit possible d'établir l'antériorité d'un de ces métaux.

Genèse : « Tsilla enfanta Tubal Caïn qui forgeait toutes sortes d'instruments d'airain et de fer. »

Hésiode, Homère, toute la mythologie grecque citent les deux métaux.

La métallurgie florissait en Chine 2,700 ans avant notre ère.

Les traditions aryennes parlent du fer et de l'or ; rendraient-elles douteux l'usage du bronze (1) ?

Le fer est aux monuments mégalithiques de l'Inde centrale, au nord de l'Altaï chez les Tchoudes (Scythes), aux nombreux tumulus, kourgans et autres, depuis la Sibérie jusqu'au Caucase, même aux substructions de Babylone et de Ninive. Serait-il le résultat de l'industrie touràne avant toute autre? Il serait arrivé par l'intermédiaire des Scythes dans l'Europe centrale et en Gaule, vers le VIe siècle avant notre ère.

(1) A. Mazard.

Les énormes blocs en calcaire nummulithique et en granit des pyramides d'Égypte, les sarcophages et les statues en matières dures (IVᶜ et Vᵉ dynasties, 4,000 ans avant l'ère vulgaire), semblent indiquer l'emploi de l'acier. Cependant, le bronze est le seul métal dont fasse mention une stèle de l'ancien empire, et le premier instrument de fer n'a été trouvé que sous l'un des obélisques de Karnak (1) (XVIIIᵉ dynastie).

L'absence ou l'extrême rareté d'objets en cuivre pur, dont l'emploi aura dû nécessairement précéder le bronze, ne fût-ce qu'à titre d'essai, alors surtout qu'on trouve des-traces nombreuses de fonderies, est une forte présomption que la découverte du bronze n'est pas indigène dans nos contrées.

La petitesse de la poignée des épées, celle des bracelets, a toujours paru caractériser une race orientale aux extrémités fines et délicates ; à moins de rentrer dans une opinion qui m'est chère et que certains savants amoureux des illusions, négligent trop, à savoir, que la petitesse est l'état universellement reconnu des symboles, seuls objets généralement trouvés, puisqu'après notre ère, les Galls, robustes et agissants, continuent ces formes exiguës.

Maintenant, dans quelle partie de l'Asie, en Chine, en Tartarie ou au Caucase voisin des Chalybes, faut-il chercher ce foyer d'invention et d'industrie? Grave question.

L'humanité en possession des métaux a satisfait rapidement à d'impérieux besoins, car elle écrivait plus sur métal que sur pierre ; ce progrès peut se comparer à celui où l'imprimerie, les

---

(1) V. Ch. : *Origines des Galls.*

applications récentes de la vapeur et de l'électricité ont lancé, dans l'ère moderne, un indicible mouvement en avant.

Quoi qu'on fasse pourtant, les origines de l'humanité résideront dans la ténébreuse nuit ; il sera plus facile de raisonner sur le premier élan, qui du centre asiatique s'est porté des deux côtés en sens inverse, surtout vers notre Occident (1), que sur la création primordiale de l'homme et ses ramifications, malgré les emprunts faits aux Livres saints pour lesquels la science n'excluera jamais le respect. L'anthropologie, toutefois, n'est plus un mystère ou une irrévérence ; elle tend chaque jour à grouper sans haine, sans système préconçu, les plus graves études ; elle aboutit mûrement à sa codification, et le plus honorable avenir lui est réservé, à elle, la science du passé humain.

---

(1) PICTET : *Les Origines indo-européennes.*

AXE ET PLATEAUX.

~~~~~~~~

EPENDANT, pour fonder l histoire, rien n'est plus recommandable que l'étude des langues et des religions. Ce que nous savons des mœurs et de la topographie au-delà des fleuves Indus et Gange, est bien fait pour nous éclairer. J'incline à penser que le Thibet, centre des contrées sériques, est l'axe de cette balance dont l'Indo-Chine et l'Indo-Arabie sont les plateaux. Les partants de l'Inde seraient vraiment primitifs.

Par la littérature et les manifestations de l'art, il a été facile de connaître les Arabes et tout le monde musulman compris au plateau gauche, entre le Sindh et Stamboul.

La conquête anglaise et les incursions récentes de la Russie, ont comme percé à jour cet Orient méditerranéen pontique et persique, sur lequel avaient débordé les hordes ; et pour cause ! — car un champ de blé fut un berceau humain.

Il faut toutefois remarquer que ce débordement spécial laissait des passages pour certains primitifs qui tendaient vers le Nord. L'intégrité des races, nous le redirons sans cesse, n'est pas chez tous les peuples, et l'exception côtoie la règle. Ainsi les Tungouses ont l'Être Suprême, *Bauga*, qui serait devenu le *Bog* des Russes, tandis que leur *Jumala*, le ciel (*Juma*, tonnerre, *La*, lieu) dériverait de l'indostani. — *Ink*, mesure de longueur employée dans le Japon, aurait formé Inkarim, première station sur la route vers Prah (Siam), et Inkarim syrien. Même consonnance finale entre le Keroubim, le Seraphim de l'Assyrie, l'hébreu Rodanim, Kaphtorim et le phénique Kabirim.

Quoi qu'il en soit, j'inclinerais vers cette opinion que la marche des Aryânes est postérieure à celle des Tourânes et que ceux-ci, disposés naturellement vers les régions sines, auraient néanmoins pu pénétrer jusqu'en Chaldée, et de là facilement sur quelques points de l'étroite Phénicie (1). Cette interprétation serait la seule qui donne la solution du problème chez les Accads et les Chaldéens, plus encore de l'imitation de l'art tourâne, manifestée même chez les Gallo-Grecs (2). Les Aryâs, les moins nombreux, appartiendraient surtout au centre de l'Indoustan où se mélangent les races persécutées. Entre les deux plateaux, le caractère entier, exclusif, semble plus appartenir aux races sines, qui partent du droit de la Chine. L'exception ne subsiste

(1) V. même vol. : Ère celtique.

(2) Tous les antiquaires connaissent le mortier *à côtes* du pharmacien gallo-grec, type émané de la Phénicie, probablement tiré de la Chine qui fabrique encore le même en jade.

que sur le point le plus rapproché de l'Inde et donne lieu à l'Indo-Chine.

Tourâne, ville, est bâtie au centre de l'empire d'Annam ; et là nous constatons, pour les plus vulgaires détails, des juxtapositions probablement successives : le turban turc se montrant près de la toque moscovite ; les coiffures chinoises près des bonnets syro-persans (1). Certains savants, pour marquer le caractère cosmopolite, ou mieux la préexistence des Tourâniens, soutiennent qu'Anam a donné la racine de Dananas, Danaos en grec, alors que la presqu'île Malacca serait devenue la Chersonèse d'Or. Le vrai ne serait-il pas qu'Aryâ avait un peu déversé sur Anam ?

Sur ce coin de terre, qui peut disputer la création à l'Indoustan, on est frappé moins du mélange que des vicinités des races et de leur intégrité sur un sol, même restreint.

Le premier devoir de la nouvelle expédition française, qui est en marche, sera l'observation attentive et minutieuse des types humains ; un anthropologue, un érudit physionomiste devient le personnage obligé quand il s'agit d'atteindre les sources des fleuves nés au Thibet. Nulle contrée plus précieuse que l'Indo-Chine. En la parcourant sur la carte seule, on est abandonné à mille conjectures.

A défaut de tradition écrite, n'y aurait-il pas lieu de s'arrêter à cette idée : que l'ancienneté des origines est relative à celle de la population ? Cette proposition, si elle était adoptée, donnerait

(1) Voyage du brave et regretté Francis Garnier. — Mission nouvelle de Delaporte. — Exploration du fleuve Rouge, par le général Dupuy.

à l'Empire Céleste, ou tout au moins à son voisin (Chersonèse transgangétique), l'antiquité la plus reculée ; et celui-ci avant l'Indoustan aurait vu naître, sinon le premier homme, du moins les primitives familles.

Éloignés de toute lumière intellectuelle, séparés par les fleuves profonds et les hautes montagnes, entourés en partie par l'Océan, accablés par les chaleurs qui rendent sédentaires, ces peuples sont ce qu'ils étaient. Les monuments religieux le disent.

L'art et la foi ont opéré de singulières similitudes, comme au temps de Boudhâ, devançant les tendances de l'expression catholique (1). Suivons-les un instant : — Les splendides pagodes (Angcor et Baïon) sont délaissées pour les temples plus petits et plus commodes. Nos cathédrales sont moins fréquentées que nos chapelles. — Les corniches exhibent des arabesques conformes à celles que nous croyons imitées des Grecs. Les colonnes et les chapiteaux sont ornés de feuillage et le coco remplace l'acanthe si découpée à Corinthe. — La pagode a un autel, sa chaire ornementée, son cierge dans un chandelier colossal, comme le cierge des Pâques, le métallique tam-tam ou gong; et les cloches sont au clocher.

On distingue parmi les ornements des vieilles ruines, l'éventail à plumes et à larges feuilles, tel qu'il figure aux processions curules du Souverain-Pontife.

Les inscriptions qu'on remarque dans les frises sont com-

---

(1) Comte de CROIZIER, 1875 : L'Art K'hmer.

posées de lettres à formes humaines et animales, toutes courbées vers la terre avec des queues retroussées. Cette combinaison semble la conception du mode épigraphique phénicien, transmis plus tard aux Etrusques. La pagode de Xien-Kang a des dessins grecs et des panneaux à sujets variés, comme natures mortes, fleurs, etc., façon Pompeï (1).

Donc, une inconséquence de plus : en vraie Touranie ou tout à côté, les sentiments occidentaux romano-byzantins. Boudhâ, introduit 61 ans après Jésus-Christ, constitue une vaste église asiatique, mais Brahma est la tête qui inspire.

Après le Dieu qui spiritualise, Noé a régénéré (2), Moïse a commandé, Jésus a sauvé, Mahomet mal imité.

On sait, à n'en plus douter, que l'élément tourâne, très développé chez les K'mhers et les Laotiens (Anam et Birman), a cheminé vers l'est chinois et le nord sibérien, traversant le Yun-Nam, où le type semble lapon et finnois, puis les immenses fleuves comme ce père des eaux, le rapide Yang-tse-Kiang, et atteignant la neigeuse Sibérie russe.

Une fois au courant de ces variations, de ces contrastes ethniques, je m'explique bien qu'étant aux sources de Rhâ (la Volga), je respirais autant l'air de l'Asie que sur le Nil, ou en Arabie.

Venons aux nôtres, aux Aryâs.

La pensée aryâne et sémitique a suivi deux courants allant de l'Indus à l'Atlantique, et de l'Euphrate à la Méditerranée. Les

(1) V. les gravures du *Tour du Monde*, publication distinguée.
(2) Nanah, Navah, Nouah.

occupants de la vieille Europe ont apporté les éléments fédératifs (sociabilité politique), les noblesses artistiques (colonne, coupole et ogive). Et quand on considère les moindres détails, ce monde qui a tant captivé l'attention par les arts, la guerre, le droit public, les mœurs policées, n'apparaît qu'une faible partie du tout.

Les Aryens artisans, réprouvant les politiques tracassiers et rapineurs, se scindent promptement en Aryâs (Scythes, Slaves, Gallo-Germains), et en Semites (Celtes et Pelasges) (1).

Cette division, qui aura ses subdivisions infinies, semble une loi naturelle des hommes. Serait-elle le fait de l'égoïsme, lequel naît de l'intelligence et des passions ?

Pour cela, laissant les premiers Indiens, ceux chez lesquels les notions religieuses et policées se remarquent en principe (Boudhisme, Brahmanisme; pagodes chinoises, temples d'Ellora, Salsett (2), Chanda, Djaggernaut, Mysore, Delhi, Benarès), nous sommes frappé par l'ingéniosité des Assyriens, des Égyptiens, des Phéniciens et des Hellènes. Ces effluves sont limités selon le caractère des races, qui vont loin, vite ou lentement, quelquefois séjournent tout près, s'arrêtant si la nature ne convient.

Notre classification en primitifs et en colons reste logique. Les seconds se greffent sur les premiers, qu'ils soient envoyés par les empereurs ou chassés sur les terres occupées.

Pour être d'une exactitude parfaite, il faudrait dire que les

---

(1) V. ch. : *Ère celtique et galloise.*
(2) Edm. CHISHULL : *Antiquités de l'Asie.*

primitifs se confondent avec les préhistoriques, ceux qui, forcément, échappent au domaine de l'histoire.

N'est-il pas vrai qu'à propos des Aryens révélés par les sublimes poèmes sanskrits, il est permis de se demander si, primitifs, ils ont fondé l'Arie géographiquement connue ; ou si, différemment, cette Arie a déversé sa religieuse et blanche famille dans l'Inde, alors que, d'un autre côté, la Touranie jaune y apportait la sienne ? « Quand la blanche famille aryenne s'avança dans le Saptas indou, ce ne fut pas sans lutte que la race jaune indigène, inculte dans ses mœurs, grossière dans ses penchants, n'ayant aucune notion de la divinité, subit l'ascendant de ces étrangers qui, fiers de la pureté de leur type, de la délicatesse de leurs goûts, religieux d'instinct, fondaient leur autorité sur la noblesse de leur origine et la volonté des dieux. Les Dasyous, si méprisés des Aryas, leur étaient cependant supérieurs en nombre (1). »

Toutes ces notions essentielles sont aujourd'hui le sujet d'études constantes ; et leur codification se résume en un mot riche d'idées, *orientalisme.*

L'Orient asiatique aura prochainement sa géographie, sa statistique complète, son industrie, sa situation économique mieux connue. Au surplus, l'histoire des populations ne cessera pas d'être une énigme aussi longtemps que nous n'en connaîtrons pas les langues, premier et dernier terme de l'exploration scientifique.

Après la linguistique, la philologie comparée. Le sanskrit,

_____

(1) Clarisse BADER : *La Femme dans l'Inde antique.*

qui intéresse le plus l'Europe, a démontré qu'un élément
commun existe dans les idiomes grec et latin, et que les
langues vivantes de notre Occident sont au fond indo-euro-
péanes, parce qu'elles procèdent de l'Inde semi-primitive, sans
prouver que les couches ariennes aient anéanti partout les
autochthones.

— Consulter à cet égard les grammairiens indous, les pro-
fondes et séduisantes études des indianistes à Londres, à
Calcutta, en France et en Allemagne, les articles savants sur la
grammaire védique (1). — Il y a encore un livre considérable
à publier sur les races.

(1) Textor Ravisi : *Texte sur les origines du brahmanisme actuel.*

ORIGINALITÉ ET OPPOSITION.

~~~~~~~~~

EPENDANT, certains peuples très anciens restent dans leurs limites et sont comme leurs propres colons ; tels les Chinois, les Égyptiens, pour avoir manqué d'expansion ou d'ambition. Ces derniers avaient grandi sur place pour tomber et ne se relever qu'à l'heure présente. Bien différents seront les Phéniciens, leurs proches voisins, puis les Syriens occupant un rivage étroit, borné par la haute montagne ; ils s'élanceront comme à la nage, poussés par le besoin ou la curiosité, animés du désir de fonder au loin. Même antithèse reconnue de notre temps entre la branche gallo-franque sédentaire et la branche agitée pérégrinante, anglo-saxonne.

Telle est l'exégèse que l'on peut présenter de ces idées sur la formation des rameaux indigènes ; car ces Asiatiques sont bien nommés *indigènes*.

On croit que l'Égypte et la Chine furent peuplées à quelques
siècles de distance; la première donnant de suite un plus vif
essor à tous les arts, à leur régulier développement. La longue
vallée du Nil est le principe créateur des lignes qui prépareront
la loi de toute correction. Les peintures de Thèbes, 1900 ans
avant J.-C., montrent la fabrication et de plus la concordance
des ouvriers modernes avec les Égyptiens. La Chine, plus
ancienne en rouerie politique, est restée adroite et bizarre
(métaux et céramie) (1). Elle paraît un atelier de subtiles fan-
taisies, et suggère cette image pantagruélique où l'aspect de la
terre offre à l'imagination des formes quasi-humaines.

Ce globe sur lequel s'agitent tous les règnes de la nature,
n'est-il pas lui-même le plus puissant des organiques vertébrés?

Le Sinus chinois y figurerait le sein; et l'Occident européen
avec sa froide chevelure, ses organes cérébraux, un être de
sensible intelligence. Les Alpes formeraient le *cerebrum* moteur,
et le Caucase se joignant à l'Himalaya thibétain, la vigoureuse
structure des vertèbres. Comment contester le *genus* à l'Inde,
principe de vie digne d'occuper l'éternelle attention; et à l'Afrique, toute la base du corps, depuis les hanches de l'Égypte, la
Mauritanie, jusqu'à la nerveuse plante du pied, le cap des
Ondes, des Aiguilles, des Tempêtes?

Les races noires des centres équatoriaux exprimeraient les
molécules opaques rejetées par les fonctions incessantes des siècles
qui convertissent aux races blanches.

Autre combinaison possible avec les deux Amériques; car la

---

(1) Chalmers et Medhurst.

méridionale n'est pas loin de ressembler, en se visageant, à
l'Afrique brûlée ; le golfe du Mexique fonctionnerait avec son
gulf stream, en vrai creuset de l'élaboration, alors que la base
chilo-patagone et le cap Horn s'appuyeraient comme une autre
nerveuse plante du pied américain.

Cet aperçu d'ontologie continentale est ici placé sans prétention, avec l'humble croyance d'être un jour approuvé. Une
dernière pensée m'est venue à propos des variétés, plus encore
des discordances entre les types de la faune et de la flore (1).
Quoi de plus discordant que la palme du *Phœnix* dactylifère
arabe, avec celle du *Chamœrops* chinois ou du *Corypha* australien ? De même pour les conifères et les araucariées ; de même
pour les fleurs avec ou sans parfum : rose, jasmin ; camélia,
azalée. Opposition conforme aux traitements spéciaux que
l'horticulteur ménage partout aux trois types *sui generis*, plantes
de Java, du Brésil, de l'Australie (2).

Les animaux qui se meuvent sont des preuves moindres que
les végétaux, quoi qu'on puisse écrire sur la région des tigres et
des lions (3).

La configuration tourmentée, saccadée du continent chinois,
prépare la ruse, le sens gouvernemental. L'art montre quelques
affinités avec le gouvernement ; bien plus avec la nature locale.
J'incline à penser, juste opinion qui donne la clef des études

---

(1) Brongniart.

(2) Expériences de mon ami E. Mazel. — Traité spécial à la Tasmanie,
par Robert Brown, que j'avais connu à Londres.

(3) MM. Schimper, G. de Saporta.

asi-mongoliques (1), que les deux courants déjà mentionnés (2
s'y sont rarement confondus, et que l'originalité heurtée, propi
à la contrée chino-japonaise (plaines labourables, montagnes
sources des fleuves), favorise ce ton mixte qui marque le
Ind-Orientaux.

Au moment où tout s'ébranle et se divise, le nouvel hémis
phère était visité par les hauts Mongols, familiarisés avec le
régions glaciales arctiques. Il est naturel de croire au passag
du détroit (Behring) en sautant d'une île à l'autre à travers le
archipels, plus qu'à la navigation océanique, et encore mieux
comme nous l'avons écrit ci-dessus, à l'immigration à pied sec
avant la disjonction des terres, en tant que l'homme ternaire dû
exister. La descente s'opère alors le long des montagnes Ro
cheuses, sur la côte abritée, puis aux plateaux aurifères d
Mexique et du Pérou, élevant les temples, les idoles, jusqu'a
jour où l'ambitieux conquérant démolira, sacrifiera, ruiner
tout (3).

Cette marche est considérée la plus logique pour l'explicatio
du keltisme universel (4).

A. de Humboldt, qu'il faut citer à propos des religieu
mexico-péruviens aussi bien que Schott, à propos de la littéra
ture chinoise, insiste sur l'avantage des symboles sacrés che
les premiers peuples, comme un lien fraternel. Ils facilitent le

---

(1) ENDLICHER : *Chinesische Grammatik.*

(2) Ar et Tûr.

(3) D'ORBIGNY : *L'Homme américain.*

(4) V. Ch. *Ère celtique et galloise.*

preuves de la chaîne non interrompue des familles que l'intérêt seul divise. Humboldt, usant de l'autorité de sa grande érudition, soulève la grave question de la *répétition rhythmique*. Ce savant croit à l'originalité des mêmes formes, des mêmes dessins en divers lieux (grecques, méandres, arabesques), avant qu'il y ait eu communication entre les peuples isolés. Kreutzer, dans sa *Symbolique*, résume tout.

Dès que ce mouvement sur la droite fut accompli, les Mèdes, les Assyriens, les Égypto-Phéniciens s'agitèrent, ne créant d'abord que des mythes religieux essentiellement artistiques, principe grandiose de nos civilisations.

A ce moment seul, il est permis de parler de la transformation en civilisés et colons. La répartition des diverses tribus à la surface du globe est assez avancée pour que chacun revendique le titre d'indigènes (aborigènes), bien que cette prétention paraisse exagérée.

Remarquez, de plus, que les deux Amériques, comme l'Asie tropicale, ont de véritables Indiens subsistant encore, ne disparaissant que devant l'égoïste et orgueilleux de l'Atlantique.

Nous aurons souvent à revenir, pour la clarté du récit et la preuve des assertions, sur le point de départ qui est l'Orient, la contrée de la tiède lumière, des aspects graves, des lignes monumentales, puis des ornements, que ceux-ci se nomment statues, reliefs, frises, corniches, fresques, styles et poésies écrites ou chantées.

Quand j'ai dû me placer en face des immenses constructions indou-assyriennes et égyptiennes, j'ai été frappé de cette idée que les monuments, à l'exception de leur état colossal, ressemblent aux hommes qui les ont édifiés. Dans la politique comme dans l'art, toute idée supérieure procède et conclut de l'individu au type (1). Les temples de l'Inde, annamites, siamois, s'harmonisent avec les natifs des presqu'îles arrosées par les fleuves sacrés ; Babylone, Ninive, Persépolis, Palmyre resssemblèrent aux Mèdes, Perses, tous descendants du versant ary-méridional du Caucase. Thèbes et Memphis eurent la physionomie des Pharaons de la secte hiéroglyphique.

On n'élève avec succès que ce que l'on comprend. C'est un des caractères les plus nobles de l'art, d'être conforme à l'intention, de ne point mentir. Le mensonge donnerait l'horreur, le dérèglement, la caricature.

Toutefois, un point sur lequel l'esthétique de l'anthropologie semble muette, est l'application du tour à la céramie, même grossière. Quand on considère la prodigieuse quantité de poteries tournées introduites aux tombeaux de l'univers, on serait autorisé à dire : l'âge de la poterie tournée.

Cette phase a une signification originale, sur laquelle j'appelle l'attention des Sociétés savantes qui résoudraient quelques problèmes, si elles consentaient à cette précieuse classification en dehors des âges de la pierre et des métaux. Qu'on veuille bien s'appliquer à notre humble projet ; comme l'art est subitement et prodigieusement modifié, comme il y a place pour la morale piété, dès le moment qu'on peut la traduire conformément à la pensée, de mille manières ; combien il devient simple d'adorer Dieu, de consacrer le respect aux morts et, plus tard, la sagesse

---

(1) Jules Amigues.

es lois entre vivants, dès que le symbolisme peut se développer ar les arts faciles, à la portée de tous !

Ce sentiment se généralise par la pratique du tour ; c'est pour ela que je demande une mention en faveur de la céramie tournée t des subtiles et harmonieuses combinaisons qui la reproduisent. Avec un choix de tessons, la découverte des deux Amériques opère quelques mille ans avant celle par les Européens du XIIᵉ siècle (1).

Un jour, les antiquaires rendront hommage à cette simple écouverte qui fit le tour du monde ; car la facilité de façonner narque une ère d'avancement notable à plusieurs titres.

Je fais des vœux, quelle que soit la difficulté, pour qu'on roduise une carte de cette initiation, propre à révéler la généa- ogie des groupes recourant à des mythes presque identiques.

Le tour donne le premier moyen d'impulsion, depuis ,000 ans, si bien qu'il encourage la cuisson des terres vitreuses t argileuses, qu'il s'est imposé comme une nécessité, le nombre les poteries non tournées paraissant excessivement réduit (2). — Véritable création humaine, comme le navire, ce premier noyen de sociabilité cosmopolite. La nef, nave, *navis*, ναυς, tous éminins à racines et à formes longues. La nef est une des façons ratiques du cercle, de ce cercle principe dont l'antiquité déduit les milliers de conséquences non moins utiles que gracieuses.

Pour résumer l'esthétique des anciens, il ne faut pas oublier que a terre est demeurée un temps infini avant d'être peuplée ; mais

---

(1) Lire *les Américanistes* et les *Inscriptions du Groënland*.

(2) HAYNE : *Toreutique des anciens*.

ensuite, les manifestations se sont produites, différées seulement
par les moyens. Bien que les plus vieux monuments ne procèdent pas de la fabuleuse fatalité, l'art indien et le chinois appartiennent aux temps obscurs, quarante siècles avant l'ère vulgaire,
un peu après le déluge. L'assyrien et l'égyptien sont plus rap-
prochés et ont des termes mixtes, 3,000 à 2,000 ans. Le grec et
le romain sont ceux de peuples initiés par l'Égypte, plus encore
par l'Assyrie; parents eux-mêmes de nombreuses colonies,
1,000 ans avant et après. En examinant l'ornement assyrien
dans les restes mosaïques, il est facile de suivre sa filiation, son
influence sur le grec.

Toutes les fois que l'épigraphie subsiste, donnant une langue,
expliquant une suite de rois ou de hauts faits, la lumière
perce (1); sous ces rapports, il faut bien l'avouer, la science est
sortie des langes. De l'Inde, presque rien; de la Chine, peu;
mais de l'Assyrie, passablement; de l'Égypte, beaucoup.

Entre l'art égyptien et le thibétain, chinois, japonais, il y a
un abîme : le culte de la ligne ou le concept des bizarreries. La
pureté issue du premier, le type rectangulaire obtenu dans l'un
des segments de la famille caucasique (Mingrélie, Imeréthie) a
la valeur d'une bonne fortune, contrairement à l'excentricité des
brisures et des crudités même harmonisées. Le point de départ
a été tel que nous nous conformerons volontiers à cette opinion,
bien qu'il y ait à écrire des critiques louangeuses sur les industries imagées et ornées des races mongoliques sines : invention

---

(1) Mémoire de l'abbé Barthélemy sur les rapports des langues égyptienne,
phénicienne et grecque.

de la porcelaine, ensuite fabrication des vases murrhins qui met
les sinologues aux prises avec les égyptologues. On éprouve
une complète satisfaction à traiter l'art né sur les bords de
l'Euphrate, du Tigre ou du Nil, parce qu'on en saisit l'influx sur
l'Europe méridionale, tandis que les voies liquides du Céleste
Empire s'épuisent obscurément dans les mers, asile du typhon
et de la piraterie.

SEMITES.

L e monde semitique est le nôtre mieux connu. Il commence, dit-on, par les Celtes, s'accroît avec les Phéniciens et se continue par les Chaldéens. Ces derniers me paraissent attachés au sol, s'y épuisant comme toutes les familles non ambitieuses. On dit les Semites : gens d'expansion, colons curieux et sociables, autant que les Tourâniens : avides, personnels, isolés, jamais alliés. Il y aurait une carte à dresser par teintes, des diverses migrations, de leurs mélanges et caractères ; on lirait ainsi figurée la légende d'Abel et Caïn.

Les fils de Sem ayant occupé la Syrie, la Judée, l'Arabie, le delta du Nil, assument la paternité présumée des Celtes (Gange, Scind, Sinus persique et arabique), qui arrivent à peupler notre Occident ; une de leurs branches essentielles, les Slaves asiatiques cheminent à travers les steppes, s'arrêtent à la Vistule et au Danube, y déposant les Poles, les Austriens (1).

Les Aryâs, répandus entre l'Inde et la Perse, atteignent les monts Caucase, où ils engendrent peu à peu les Caucasiens correspondant à la direction de leur venue, parmi lesquels les Grecs pélasgiques ; ils auraient formé les Hungares et se sont mêlés aux Latins occidentaux.

La tendance, car il faut tenir compte des tendances même inexpliquées, est, dans une moindre proportion, la même qu'au Centre-Asie, dans l'Inde où naissent les hommes pour aller et créer en se divisant, source de tous les antagonismes connus.

Remarquez le mouvement créateur qui ne cesse de l'Asie vers l'Europe. Qu'a-t-il été : vers l'Amérique ou en Amérique ? La science naturelle (2) pourrait tout aussi bien donner la clef que l'étude anthropologique et géographique même marine (3).

Les populations sont en raison des mouvements de l'espèce. En principe, l'irradiation va des pays chauds vers les froids ; témoins les races instables, incapables de coloniser, comme les *touristes* mongolique et finnoise ; tandis que dans l'ère moderne les gens du Nord, plus actifs, âpres au gain, à la conquête, pourchassent les méridionaux. Sur une échelle réduite, les mêmes procédés d'invasion et d'absorption peuvent se vérifier dans notre France celtibérique, gall-liguro-romaine, puis franque et gall-normande.

---

(1) FOLDVARY : *Les Ancêtres d'Attila.* — *Les Races scythiques.*

(2) Audubon, Agassiz.

(3) HUMBOLDT. — MAURY : *Sailing Directions.*

Le mouvement asiatique s'explique mieux.

D'abord, les aïeux des Celtes, masses énervées venant de la plaine chaude ; ensuite apparaissent les fières peuplades montagnardes, à lignes rectangulaires énergiques, envahissant l'Asie-Mineure, génératrice secondaire, celle qui voit naître les Pélasges plus Caucasiens que les Aryens des plaines et leur livre passage. Les Primo-Galls, accessibles aux frimas du milieu européen, aptes aux vies besogneuses et batailleuses, seraient une descendance ; tandis que les tiges médiques, persiques, assyriennes, auraient formé les Grecs, pour se rencontrer au Continent et fonder les nations valeureuses : Grèce au sud, Gréco-Etrurie, et Germanisme, d'où nous tirons la Frankonie conquérante, et par suite la France.

Quelle race resterait pure alors qu'elle est un composé ou une superposition de couches, ou encore une série de greffes ?

Les groupes s'accumulent, se croisent, puis se combinent comme les éléments chimiques ; amalgames toujours difficiles à analyser. Considérez les premières tribus occupantes, serviles à la terre inculte qui les dompte par l'intempérie, les lascivetés du tropique ou l'excès des brumes humides sous l'hyperborée septentrion. Puis se montrent les héros, vainqueurs des naturels, des fils de la simple nature (de Cérès à Robinson). On nomme encore les *naturels* d'un pays nouvellement découvert, ceux dont le sort est d'être transformés ou chassés par les colons qui stationnent et s'enrichissent.

Consultez, en outre, les coutumes qui se sont propagées, un des modes les plus affirmatifs de la connaissance des origines. Les mœurs furent toujours le réflecteur des peuples. Ainsi l'inhumation ou l'incinération prouve qu'on est semite, israélite ou aryen (1). Les religions personnelles, en dehors du culte matériel (forme, effet) servent de complément à ces indications. Les plus vénérables notions découlent des Brahmes et de Moïse; les révélateurs Jésus, Boudhâ, Mahomet, marquent des ères morales, propres à la foi respective des croyants; champ immense à explorer; non pas celui de la certitude directe, mais celui de l'induction qui, comme méthode, apporte la certitude rationnelle.

(1) Zoroastre et les Parsis.

MÉDITERRANÉE.

~~~~~~~~~~~

A première vue, ce nom d'un vaste lac marin réveille des souvenirs nombreux et constants, au point que les sciences réunies ne seraient pas de trop pour expliquer sa civilisation complexe et s'agitant providentiellement sur des rives accidentées.

Il suffit néanmoins d'appliquer l'attention sur ce limpide miroir bleu, où se mirent encore, quoique dégénérées, des familles humaines, supérieures par l'intelligence et la beauté, pour trouver la raison d'un problème trop rarement posé.

Cette mer, ornée des côtes les mieux découpées, sous un doux climat, en deçà du tropique, plaine azurée dont le cadre d'or et d'argent se nomme depuis les origines : Atlas, Liban, Caucase, Taurus, Olympe, Apennin, Alpes et Pyrénées, est sensiblement fermée par les mâles courants d'une autre mer infinie. C'est que l'Océan, père de la terre, demeure un agent utile ; la Méditerranée, un agrément.

Comme une mère, pourtant, elle crée ; partout, cet être féminin, fécondé par l'étincelle électrique, produit la forme attrayante, et ses rivages voient croître l'onctueux olivier, fleurir l'oranger virginal, s'élever le magique phœnix, dressant ses palmes vers l'astre de feu.

C'est là que le génie s'élabore ; la nature y est principe, et, pour cette cause originale, tout y subit encore la loi des modifications.

ÉGYPT-ÉTHIOPIE

ASSOUR-PHÉNICIE

ALGRÉ les soins que nous prendrons d'analyser séparément chacune de ces contrées, il nous arrivera quelquefois de les allier à force de les rapprocher : effet dépendant d'une seule cause ; car une race, bien qu'elle repousse tout abus de promiscuité, n'en est pas moins le produit d'une autre, et généralement de sa voisine immédiate.

ÉGYPT-ÉTHIOPIE.

L'Éthiopie, une part de la population nilienne, et l'Assyrie, viennent de loin s'unir dans l'extrême lac méditerranéen. La propension de l'Asie-Afrique vers les bords orientaux, puis vers l'Europe, constitue une ère nouvelle qui transformera des pasteurs (1), des peuplades, soit errantes, soit stables sur le sol : Assyriens laboureurs (2) ou Pélasges phéniciens, hardis et passionnés de la mer, en tribus de colons ou de nautoniers. Le delta peuplé, l'Arabie contournée, la Mer Rouge passée au détroit, et les régions nubi-abyssiniennes atteintes, l'Egypte, « ce don du Nil (3) » fut formée; et se servant de l'isthme comme d'un pont (IVe, Ve, VIe dynastie, 4 et 3,000 ans avant J.-C.), elle donna la main à la Phénicie syrienne, confondant ainsi les destinées de deux peuples de premier ordre.

L'Ethiopie, *au visage brûlé*, comprend comme terme générique sur la même ligne deux segments, la contrée des sources, celle des embouchures (rencontre des noirs et des bruns). L'une a élevé Thèbes, l'autre Memphis, centre plus ancien de la dynastie memphite, qui nous prouverait que l'action nilienne a remonté le fleuve avant de le descendre, alors qu'une action générale d'orgueilleuse conquête avait lieu vers l'Assyrie et l'Asie Pontique, au point que les cunéiformes sont précédés par les hiéroglyphes (4), et que des noms grecs, phéni-grecs (5), ont leurs similaires dans le langage nilo-memphite.

Quel nombre d'années inappréciable aurait le delta qui était

---

(1) HORUS, pasteur des peuples, muni du bâton pastoral.

(2) Hérodote.

(3) Idem.

(4) L'écriture primitive est hiératique et démotique.

(5) A Philæ, influence grecque.

la mer! Partout, en vertu de la loi cosmique, la mer se retire devant les rivages qui s'élèvent. Le mort Sinaï est comparé à la charnière de cette vaste contrée historique et sacrée admise comme branche de l'Asie (1).

Telle fut la vieille Egypt-Ethiopie, que je considère comme antérieure à l'Assyrie, quoique celle-ci fort ancienne (Eusèbe et la nouvelle table d'Abydos donnant les noms des Pharaons depuis Mena ; puis, le tableau des concordances en six colonnes : 1° les trois livres de Manethon ; 2° Eratosthène ; 3° Abydos ; 4° Saqqarah ; 5° Papyrus ; 6° Karnak). Toutes les deux étaient filles de la vénérable Chaldée, première étape au sortir de l'Inde génératrice (2). La philologie comparative, « algèbre des sciences historiques, » qui date surtout de 1,500, nous révèle, mieux que l'anthropologie, parce que les races se croisent plus que les langages, la suite de ces peuples. Observez les rapports de l'égyptien avec le sanscrit-chaldéen ; ensuite, la nature des monuments de l'Egypte où le marbre fut rarement importé(3).

Tel est notre système, un peu faible par l'analyse ; mais la synthèse, qui a des yeux pour tout voir, établit d'une manière irréfutable que les masses s'organisent sur un point de prédilection, d'attraction utilitaire ; et que, le trop plein et les passions conquérantes aidant, les effluves font irruption, subissant à leur tour les influences climatériques auxquelles nul ne saurait échapper.

(1) CHAMPOLLION : *Lettres d'Egypte. Monuments de l'Egypte et de la Nubie.*

(2) F. LENORMANT : *Le Déluge et l'Epopée babylonnienne.*

(3) V. ELLIOT : *Historians of India ;* et l'abbé RAYNAL.

Le symbolisme, qui, à travers ces phases pérégrinantes, a envahi la terre, semble prouver l'occupation incontestée avant toute tentative de guerre, non pas de conquête précisément, mais de lutte envieuse, meurtrière.

Ce caractère d'ingénuité, je ne le trouve pas au même degré sur les bords du Tigre et de l'Euphrate où la physionomie est déjà éveillée, à Babylone et plus à Ninive. La température modérée, un peu éloignée du souffle tropical, uniquement approprié aux débiles primitifs dont la mollesse égale la rareté des besoins, des satisfactions, invitait aux sensualités, sans exclure le travail, en un mot, les entreprises.

Les Mèdes et les Assyriens auraient-ils du Tourânien dans les veines? Rien ne l'indique, du moins dans une notable proportion. La vérité est qu'ils doivent beaucoup aux versants caucasiques pour les lignes extérieures ; ils reçoivent la salutaire influence du géant Elbrouz, éternellement blanchi par les neiges ; aussi, le type chez eux révèlera, plus encore que chez les Egyptiens (1), une sorte de patronage accordé à l'art grec. Ils ont le privilége insigne de demeurer aux versants méridionaux de la montagne, imposante barrière qui aurait défendu les deux peuples adossés qui viennent s'arrêter à ses pieds, si l'esprit de conquête et les engins destructeurs n'étaient l'arme (2) de la force et de la ruse.

Mais Tyr, dira-t-on, en araméen Turâ, à étymologie tourâne, est le centre des Semites-Phéniciens et se trouve le pivot des

(1) WILKINSON : Manners and Customs of ancient Egyptians.
(2) Arm.

deux grandes divisions orientales que nous indiquons. Et le Sinaï (Djebel-et-Tur) ne donne-t-il pas la racine *Sin* des races sinoises et le mot *Tur ?* Il est vrai que le Sinaï de Moïse contesté (1) serait Jebel-el-Nur. Et Sindjar, Singapoor, Si-an, Tsiam, le golfe Singitique, alors qu'autrefois vivent les Sindes, *Sindi* au Caucase, avec tous ceux qui viennent des Sinus (2). Ce mélange, incompris de nos jours, fut peut-être une action providentielle ; les deux courants devaient se rencontrer pour la pondération de l'activité humaine. Faits plus qu'humains, difficiles à pénétrer et devant être religieusement acceptés.

Cela prouve, en définitive, dans cette vaste et difficile étude de la formation, des inconséquences qu'il faut savoir admettre sans trop se raidir, jusqu'au jour où tout sera éclairci, si jamais la science réussit à tout éclaircir. *Thur* (3) est aussi la racine de *turris*, édifice si usité comme vigie ou comme triomphal, qu'il est mêlé à toute nationalité (tour de Babel, tour mongolique). Plus encore, les Tyrrhéniens de Tyr, contribuent aux Etrusques bien éloignés de la Phénicie.

Jusque-là, la preuve de la fusion touranienne est incomplète. Il faudrait, ce qui n'arrive pas assez dans les études anthropologiques, se placer à des époques différentes ; de sorte que ces filons de races dévoyées, ces immixtions sont quelquefois des produits postérieurs aux premiers déplacements humains. Ainsi : Tripoli, ville concentrique ; et mieux, Tyr, Sidon, Aradus,

---

(1) Docteur Beke.

(2) *Senogallia* en Italie, *Senones* en Gaule.

(3) *Thôr*, Mercure d'origine phénicienne.

représentation des termes reliés, *Tûr*, *Sid*, *Ar*. Il serait possible que Tûr eût passé plus tard à travers les Aryens, comme Ar à travers les Tourâniens ; de même que *Sin* en Arabie, en Europe, pourrait n'être que la racine de *Sinus*, golfe. Relire notre étude sur l'Indo-Chine et convenir qu'il se forme un parti sérieux qui considère la Phénicie comme une épave, ou mieux, comme un composé, ce qu'il ne me coûte nullement d'approuver, du double courant ; rien ne s'opposerait à ce que l'Égypte, avec ses yeux obliques, son ingénieuse adresse native, n'eût participé à la cause tourânienne.

Y aurait-il dans le doute, dans l'obscurité de ces études, puissant intérêt à prouver cette transfusion? Oui, à cause des origines européanes qui nous concernent, parce que les thèses écrites sur ceux que nous appelons colons ou semi-primitifs me paraissent encore plus curieuses que les dissertations sur les primitifs presque inconnus.

L'antériorité de l'Égypte peut être plaidée à cause des hiéroglyphes qui sont plus une traduction pour les yeux (1) qu'un langage sonore pour les oreilles. — Consulter certains papyrus, celui de Thèbes, plus ancien que Moïse ; considérer l'origine du verre trouvé à la pyramide de Saqqarah (4,000 ans av. J.-C.), puis successivement.

Il n'y a pas à décrire les monuments qui existent et ceux qui ont disparu. Ces études sont avancées et si sérieuses qu'il serait superflu de compiler (2).

---

(1) CHAMPOLLION le jeune : *Précis du système hiéroglyphique.*

(2) CHABAS : *Étude sur l'antiquité historique d'après les monuments égyptiens.*

Il est simplement permis de raisonner et d'écrire l'esthétique de l'art nilo-égyptien perfectionné, aux temps quasi primitifs, puisque les Ramsès à l'apogée et leurs dynasties, XVIIIe et XIXe, après la conquête de la Nord-Syrie et de l'Asie-Mineure (Dardani, Ilouna, Pâdasa, Masou et Lega, du poème Pentaour), laissent en quelque sorte entrevoir la décadence, dès que Sésostris, prototype des conquérants vaniteux, ravageait l'Orient paisible, alors que la Grèce n'existait pas et ne pouvait être soupçonnée. C'est le moment où l'Égypte, infusant en quelque sorte une part du génie grec, semble devenir moins égyptienne, tout en maintenant cette influence primordiale qui, unie à celle de la Phénicie et de la Grèce, aurait créé Rome métaphysique. C'était le moment brillant de la contrée médique et l'Inde était depuis fort longtemps recouverte de trésors. A cet effet, ne sommes-nous pas autorisé à donner aux Sin-Tûran l'antiquité la plus reculée et à admettre l'Indo-Chine ou l'Indo-Arabie comme la source probable de la propagation humaine? Hommage rendu à cette noble inspiration qu'on nomme l'art, la principale preuve de l'histoire, quelquefois l'histoire elle-même!

La terre arable du Nil eut la fortune facile et un double mérite : à la fois berceau d'une théocratie politique douée de longévité et inspiratrice du beau à tous les âges, tellement que Cambyse lui-même lui enlevait ses artistes pour bâtir les palais de Persépolis et de Suze. Ces monuments, malgré leur détérioration, nous laissent mieux voir le passé que ceux de la région mésopotamienne. Ces derniers, exposés aux incursions de tous, sur le passage des ravageurs, bien plus que ceux de la Haute-

Égypte, reposent à l'état de ruines incommensurables, aux fabuleuses proportions.

Il y a, de plus, une grandeur inusitée dans les entreprises guerrières des Ramsès, Nechao, Darius, Alexandre. L'histoire devient souverainement originale ; elle ne raconte que l'orgueil démesuré. C'est Bélus qui, réunissant en Assyrie Ninive et Babylone, donne le premier, dans une phénoménale proportion, l'exemple des invasions et des marches populeuses. Sa lutte contre les Arabes est comparable à celle des rois memphites contre les Hycsos. — Un moment, tout se concentre dans ce triangle : Babylone, Ninive et Memphis.

Les civilisations postérieures sont microscopiques à côté de celles qui bâtirent Ellora, Thèbes, Babylone, Palmyre, Héliopolis. Hélas! tout cet amoncellement s'est écroulé ; qui donc ne trouverait pas sa fin ici bas? l'infini qui est là haut. Pensée pieuse, suffisant aux théocraties pour fonder l'art en général, notamment celui, tout sacerdotal et tout militaire du moyen-empire, qui diffère tant de l'ancien.

Comparez la première dynastie, celle de Ménes, à This, près Abydos, dont les formes libres, si parfaites, pourtant si archaïques, l'emportent sur les formes postérieures, plus étudiées et incorrectes ; car nos ancêtres blancs, venus en Égypte, n'étaient que des barbares, si on les compare à ceux de la première période.

Quant à l'immense (Pharaons et servage, pyramides, Serapeum (1), Rhamesseum), c'est l'idée colossale produisant l'art

---

(1) Celui de Memphis, découvert par A. Mariette.

colossal, lequel est autant le produit de l'orgueil que du panthéisme, du dogme de l'immortalité, de l'éternité immobile
(statue assise, muette, non émue). Isis portait cette inscription :
« Je suis tout ce qui fut, est et sera. Aucun mortel n'a jamais
soulevé le voile qui me couvre. » Grave devise qui a préoccupé
les penseurs jusqu'à nos jours, et qui en accordant un culte
pompeux aux morts a posé une des plus brillantes assises du
goût humain. Quant au *voile*, son tissu le plus fin était adhérent
au corps nu, si ce n'est à l'époque grecque.

Les petits objets n'existaient-ils pas ou bien ont-ils subi la
déprédation? On voit aux musées de l'Europe ces richesses de
l'art naissant, séduisantes pour le goût et l'étude. Et Boulaq,
cette création du vice-roi et du persévérant Mariette!

ASSYRIE ou RÉGION POTAMIENNE.

ABYLONE (Hillah) la ville-mère, au lendemain du déluge, réduite à un monceau de briques, devient intraduisible et sa majesté demeure seule dans la tradition. — Sa déesse Mylitta présidait à la procréation, au culte ityphallique ; et probablement plus ancienne, elle était moins peuplée avec ses 2,500,00c habitants que Ninive. Celle-ci, entre Khorsabad et Koyoundjik, supporte bien mieux l'exploration. Nous devons beaucoup aux Anglais, intrépides novateurs à la recherche de l'inconnu (1). La renommée de M. Layard est faite par les fouilles de Ninive (2). Rawlinson,

_____

(1) Consulter l'estimable docteur Birch.

(2) Ses *Coctiles laterculi*, deux tablettes en argile cuite avec fins caractères, sont le principe du livre plus que les tampons égyptiens hiéroglyphés, servant à séparer les corps aux hypogées.

Smith (1), Botta et nos compatriotes, Place et Thomas, ont poursuivi les recherches et les descriptions. J'ai lu naguère dans le *Times*, que M. Smith, *assyrian scholar*, a retrouvé les fragments de la fameuse pierre concernant le déluge *(Deluge tablets)*, un trésor de plus pour les Londoniens.

La lumière se fait sur chacune de ces contrées qui, à un moment donné, s'isole de sa voisine et porte la splendeur au suprême degré. Le règne d'Hisïr Sargon est celui des plus vastes créations ; les tours du palais ont près de 50 mètres de haut, les cours ont de 6 à 800 mètres de superficie, où s'étale la pompe de Sardanapale, de Nabuchodonosor ; c'est un monde de luxure orientale babylonienne, où se donnent des festins de Balthazar.

Cette architecture procède plus des guerriers que des prêtres, aussi s'éloigne-t-elle de l'éthiopienne qui s'inspire de l'Inde primitive. — Karnac (2) rappelle Ellora, mais Ninive rappelle Babylone.

Ces Mésopotamiens restent eux-mêmes. — Les uns, gens des embouchures et des confins persiques, prenant modèle sur les vieux Chaldéens, cuisent la brique et en usent comme des insensés ; les autres, aux pieds des hautes et bienfàisantes montagnes, préfèrent extraire des pierres formidables. Nimroud, d'un aspect moins Babel, était bâtie avec les pierres du Kur-

---

(1) *Chaldæan account of the Deluge from terra-cota tablets found in Niniveh.* — *Cuneïform inscriptions of Western Asia.*

(2) Karnac, long de 370 mètres ; Edfou, 144 ; Dendérah et Abydos, 190 et 162. — Consulter Ed. Naville.

distan; plus ornée, dit-on, parce qu'elle fut (Calach) la plus ancienne.

Il importe de remarquer que les études ont plus porté sur les peuples qui étaient célèbres par les arts que sur ceux qui l'étaient sous des rapports moins agréables. L'historien accorde une large place aux Mèdes et aux Perses belliqueux, analyse longuement la puissance de Darius, de Cyrus, de Cambyse; s'occupe moins des Assyriens, alors que l'archéologue ne s'occupe que de ces derniers.

L'Assyrie manifeste donc l'art gigantesque (1) et, contraste avec les Asiatiques ou progrès sur les Indiens, crée l'art plus minutieux de l'émail et de la glyptique, celui de la peinture avec quatre ou cinq couleurs, le mastic mosaïque et la verrerie, empruntés à l'Égypte, l'incrustation du rouleau (volume primitif ou cylindre chaldéen), la fonte de l'acier qui servit aux fabriques de Damas (2), celle du bronze surtout, pour ces bracelets qui se continueront même en plein moyen-âge.

La controverse sur l'émaillerie se prolonge indéfiniment. Le vrai est qu'on ne découvre ni étain ni plomb dans la glaçure des briques émaillées, composée simplement de silicate alcalin d'alumine, et que les ornements inspirés par le souffle grec ne remonteraient pas au-delà du sixième siècle (destruction de Babylone); mais la vitrification a suivi la briqueterie (2500

---

(1) Plus de grosseur que d'expression, comme dans le taureau à face humaine, aux ailes d'aigle, à la crinière de lion.

(2) P. Rossignol : *Métaux dans l'antiquité.*

av. J.-C.). La pyramide de Dashour (3400 av. J.-C.) était élevée avec des briques cuites au soleil.

L'art réduit appartient aux Mèdes, et le voluptueux aux Perses plus illustres, les derniers remuants de cette Asie occidentale, à la fois si agitée, si poétique. — Il faut visiter les ruines de Ghiaour-Kalesi. — Lire, sur ces mondes de l'Orient, la description dissertée de Beulé, travailleur courageux, car, pour opérer *fouilles* et *découvertes*, le courage n'est pas de trop.

PHÉNICIE

S i l'importance d'une contrée était calculée en raison de son étendue, la Phénicie serait moins digne que l'Égypte, que la Médie d'occuper les labeurs, les méditations de tous. Il n'en est rien, et ce petit monde a tellement agi, soit chez lui, soit chez les autres, qu'il une histoire longue et une influence immédiate sur les contrées méditerranéennes, où il a fondé de durables et majestueuses colonies. Peuple limité, pareil, sous bien des rapports, au moderne Anglo-Saxon, possédant le génie de la navigation, de la colonisation. Intermédiaire courtier entre l'Égypte et l'Occident-Asie, il explique le contraste de sa distraite activité avec l'immo-bilité égyptienne (1) ; car l'Égypte, théocratique, agricole (2), rivée à son fleuve, reflète l'Inde gangétique, moins l'expansion.

(1) Bossuet : « Immuable durant 27 siècles. »
(2) Memphite, philosophique ; Thébaïne, religieuse.

Industrieux, artiste bien plus par l'ingéniosité que par l'intelligence native, on ne lui connut jamais l'âme des Grecs, cette âme qui chez tous fut la *première des muses*.

On suit, on contourne pour s'embarquer sur de frêles esquifs, pendant la saison calme, *mare apertum*. On suivra la côte Adriatique (Adria, cité latine sur cette mer), la Tyrrhénienne (Tyr) de la Corse et de la Sardaigne, l'Ibérique (Ber) de l'Espagne. D'où partira-t-on? De la Chaldée, des deux Égypte.

Nombreux, sur un sol borné, les Phéniciens ressemblent aux Kelt-aryâs avec lesquels il fut permis de les confondre. Fuyant la mère-patrie, passionnés pour les aventures lointaines, ils donnèrent une rapide impulsion aux civilisations qu'ils eurent à ébaucher. Cet avantage venait-il de leur activité ou d'une aptitude marine qui leur faisait entrevoir avec justesse les points essentiels, propres au commerce et à la vie d'échange (1)? Dieu aurait-il remis à chaque peuple, surtout à celui qui est isolé, des dons absolus, toutes les facultés pour se suffire? et celui-ci, petit en apparence, ressemble assez aux jeunes hommes placés dans l'indigence par des causes qu'ils n'ont point amenées : ces jeunes pauvres sont organisés, les mieux disposés pour devenir les vieux riches.

La Phénicie, produit nilo-assyrien (Palestine, Syrie, Judée), n'est qu'une installation ambitieuse, une colonie-mère, douée d'une famille nombreuse pour un patrimoine restreint.

Sa Judée, pour ne citer qu'un type caractéristique, forme un vrai peuple sans nation, toujours porté, à cause d'une vie

---

(1) Commerce de l'étain, 40 siècles avant J.-C.

forcément cosmopolite, à la tendance démocratiquement répu-
blicaine, et, pour cette cause peut-être, le seul peuple républicain
en dehors des sociétés organisées. Aussi, les familles israélites
prospèrent-elles malgré leurs traverses, alors que les grands
États ne voient pas encore ce qu'il faut à leurs citoyens, c'est-
à-dire la liberté individuelle qui crée la morale, et l'organisation
politique qui donne la sécurité, en facilitant la police et la
fortune publique. — Rareté de l'art judaïque. — Entre les
Judéens et les Egyptiens, des rapports moraux, comme la
circoncision opérée plus tard chez ces derniers, de huit à
dix ans.

La Phénicie a une origine mythique qui lui donne, plus qu'à
toute autre, le droit de se perdre dans la nuit des temps ; plus
que la Syrie, sa voisine, elle dépend de l'Inde, toujours un peu
de la vieille Chaldée qui servit à l'initiation de tous, mais elle
figure comme la plante des pieds d'un colosse dont la tête éprise
de mysticisme s'épuise au profit de l'avide cupidité (phœni-
judaïsme, morale indépendante).

Phœnix est un oiseau fabuleux, incomparable, adoré par les
Égyptiens. Il sert à nommer l'arbre de la vie (1).

Phœnix, le fondateur, était le fils d'Agenor qui, n'ayant
point trouvé sa sœur Europe, enlevée par Jupiter, se fixa dans
la contrée à laquelle il donna son nom. On ne saurait le
confondre avec le fils d'Amyntor qui accompagna Achille au
siége de Troie et serait l'inventeur des lettres grecques.

Combien plus vraisemblable, combien poétique la fable du

(1) Le dattier, *Phœnix dactylifera.*

malheureux qui, à la recherche d'une sœur aimée, s'arrête aux confins de l'Asie, et laissant en quelque sorte à ses compatriotes le devoir de parcourir notre continent : ce qu'ils firent avec un soin scrupuleux comme des spéculateurs trafiquants.

Il est dit seulement que le culte d'Europe partit aux premiers âges phéni-pélasgiques de la Crète, centre grec qui avait eu les Pélasges à Gortyne, auparavant à Larisse (Lara, forteresse). Le fameux labyrinthe était dans cette île, et son image architectonique est devenue cet ornement de toutes les bordures ou frises connu sous le nom de *grecque*. L'art crétois fut, en tous points, digne de l'Asie pélasgique, il atteignit les splendeurs du sublime. Quand il s'est combiné avec le cypriote, il a engendré au loin le gall-étrusque et plus tard, comme conséquence, le northman anglo-saxon.

Quelle détente avec le vieil art égyptien !

Semites par excellence, les Phéniciens empruntèrent beaucoup de la mystérieuse Egypte, avec un génie plus sombre et quelquefois hypocrite, capable d'imprimer un certain degré de cruauté sauvage.

Des révélations scientifiques nous ont été fournies sur leurs mœurs religieuses (1). L'inspiration découlerait à la fois de Brahmâ et du semitisme. C'est une question qui ne me paraît pas encore tranchée, même par les savants d'Outre-Rhin, à savoir si le dieu Bel, *Baal*, est originaire de la Phénicie ou de la Babylonie avec laquelle s'échangeaient des rapports constants. Ce culte s'exerce aux plus anciennes villes, à Arwad (Aryâ) ou

---

(1) *Die Phœnizier*, par MOVERS autrefois, et TIELE aujourd'hui.

Orthosia (nom grec), puis à Tripoli, Byblos, Sarepta, Tyr et Sidon.

Souplesse et barbarie semblent les marques distinctives de cette conception théocratique. L'une, fruit du semitisme, qui comprend bien le monothéisme judaïque, chrétien, musulman ; l'autre, issue du mépris de la vie dans l'Inde.

Le culte se confond également avec les mystères :

Astarté ou Isis.

Baal ou Osiris.

Les deux premiers ayant plus que les seconds préparé les mythes olympiens de la Grèce, à cause de l'influence morale répandue au dehors par les colons, tandis que le monde pharaonique ne colonise pas.

C'est chez les Chananéens, les originaires de la basse Mésopotamie du golfe Persique, que s'observent les farouches mystères auprès desquels pâlissent ceux de la Grèce (Cybèle et Cérès). Les prêtres ont des offrandes de nouveau-nés à Baal-Hammân ; le cortége est formé par les eunuques (1) et par les femmes qui font succéder dans le temple la joie à la douleur, dans la période des fêtes bacchanales. Chez les veuves, le sacrifice va jusqu'à la mort volontaire par le fer ; chez les jeune filles, jusqu'au déshonneur. Les grands dieux, Bacchus et Cybèle, sont *Cabires*; les petits, *Pygmées*.

Toutes ces notions semblent calquées sur la vieille mère indoue. Elles nous viennent de l'épigraphie cunéiforme, mélange

---

(1) Galle.

d'assyrien et de cophte, par le voisinage si pressant de Palmyre et d'Héliopolis.

Le judaïsme mit fin au désespoir et à l'avilissement des femmes ; et le christianisme relia la morale au culte, trop long-temps séparés.

Les Juifs se défendirent toujours d'avoir protégé l'affreuse dévotion de Baal et d'Aschera.

Déjà, lorsque les Romains pénétrèrent dans Carthage, la plus glorieuse colonie, la plus illustre ville après Tyr, les offrandes furent défendues. — Au Musée de Marseille, une pierre sainte très ancienne énumérant les divers sacrifices d'animaux.

Avec la suite des temps, cette petite contrée qui avait tant occupé le monde, la patrie de toutes les religions et du divin martyre, s'effaça devant la conquête. Tyr, qui florissait 1,200 ans avant notre ère et surtout 1,000 ans, sous le contemporain de Salomon, Hiram, qui avait fondé Carthage, Cadix et Utique, fut impitoyablement ravagée par le jeune Alexandre. La première des trois colonies, fastueuse métropole, descendait de Byrsa, un point sur un escarpement, le type primitif du château-fort gothique, de la kasba moresque ; Sidon, la cité marine, moins éclatante, s'éteignit à son tour.

Chacun sait la mémorable fin de Carthage, aux ports mili-taires et marchands, ruinée par les Romains, anéantie par les Arabes.

Au moral, la descendance de Phœnix fut telle ; au physique, la race se forma par la basse plaine de l'Égypte qui lui laisse le type effacé, et par la montagne neigeuse du Liban qui rec-tifie les lignes du visage, ajoute un nez droit aux beaux yeux fendus en amande, un nez qui n'est pas le rectiligne du Caucase, mais le quelque peu recourbé de la Judée : au résumé, une foi crédule, l'instinct de la ruse, la convoitise, le génie industriel et commercial.

Les Celtes eux-mêmes, enfants échappés du delta (1), à la face simple et régulière, avaient ignoré ce que nous nommons la belle ligne, produit émané de loin, du haut mont, présent céleste fait à la Grèce au suprême degré.

C'est par ces nuances qu'il faut savoir séparer le Celte, le Phénicien et le Gall, qui n'est pas absolument étranger à ce pays (la Gaulonitide, à côté de la Galilée). La confusion, au contraire, a troublé un moment les auteurs qui se sont occupés des origines si délicates de l'Étrurie Tyrrhénienne.

Terminons cet aperçu par quelques mots sur les arts et les industries (2).

Dans la fonte des métaux, dans la cuisson de l'argile, l'inspiration, l'ingénieuse adresse de chaque peuple inventeur peut tromper l'œil le plus exercé. — Seulement, dans la fabrication du verre, travail de fragile délicatesse, alors que l'Égypte se bornait au verre empâté ou émaillé, la supériorité des Phéniciens traités d'inventeurs par certains fabulistes était manifeste. Ils me paraissent avoir trouvé le verre mousseline léger, et pour avoir progressé, ils passent, ce qui arrive partout, pour des inventeurs (3). Ajoutons, toutefois, que cette fabrication si finement

(1) Suivre la ligne des dolmens de l'Inde à la Syrie.
(2) E. RENAN : *l'Art phénicien.*
(3) Invention et inspiration appartiennent aux Chananéens.

réussie avec les sables du fleuve Bel (1), est de beaucoup postérieure aux migrations des Phéni-Celtes ; car là, comme ailleurs,
les procédés ne trouvent leur complément parfait que sous les
premiers empereurs, et encore faut-il arriver à l'ère chrétienne
reconnue pour rencontrer la verrerie abondante et perfec-
tionnée.

On sait qu'à Rome la verrerie à boire date d'un siècle
avant l'Empire et ne vint que longtemps après les coupes d'or
ou d'argent, surtout les coupes (pocula) en bois enduit d'un
vernis, sorte de laque rappelant celle des vases.

L'ornement ou le dessin d'agrément reste punique primitif ;
il comprend le point, la rayure, les parallèles ou la rencontre
des lignes droites qui forment les figures crénelées ou dentées en
scie ; puis, les courbes, cintres ou ovales et les cercles concentriques : tous devenus types du gothique northman-saxon.

Observez pour cela le Musée phéni-latin de Cagliari, et le
caractère mixte des arts en Espagne.

Remarque facile et reproduite aux divers tombeaux que j'ai
fait découvrir à Chypre, île phénicienne autant et plus que
Crète, sa voisine.

Cette Κυπρος ou Κυπρις était comme un palmipède doré se
balançant au milieu des ondes bleues. Le minerai verdissait les
mines et le chou aux exhalaisons du métal oxydé était originaire du sol. Le moyen-âge se servit de l'un pour meubler,
s'inspira de l'autre pour décorer. Dans ce nid précieux, trois
peuples : Assyrie, Égypte, Phénicie ; ayant produit : la Grèce,

---

(1) Pline, Flavius Josèphe, Strabon, Tacite et Théophraste.

les Latins et les Chrétiens (1) ; ayant imaginé : l'Évangile, le Koran, la Papauté. Quelle richesse d'idées et de formes !

Cypre et la Crète sont bien le couple tenant sous les yeux la couvée enfantine, l'Archipel.

La trinité prolifique de Cypre, dont le caractère fut de résumer aux divers âges tous les styles, engendra la variété, la fantaisie, l'ordre mixte, tandis que les Pélasges Crétois (2) créèrent un style ; à la première appartinrent les bronzes excellents ; la seconde éleva des temples peuplés de statues parlantes : Jupiter sous la forme du taureau à Gortyne et Cnosse, principales villes (3).

Enfin, ce peuple de provenance indoue-syriaque, se mêlant à l'Égypte et à l'Asie-Mineure méridionale, est dominé, d'un côté, par l'Égypte plus ancienne, et, de l'autre, influence la contrée située entre Tarse et Rhodes.

Cette dernière observation a surtout pour but de marquer le mouvement qui s'opère ici, du Sud vers le Nord. Rhodes fut la clef entre le monde phénique et le grec. Celui-ci allait de Rhodes à Troie, et devant lui brillaient comme des météores l'Archipel et le Péloponèse débordant sur l'Adriatique.

Si les rusés Puniques (Pœni), dans leur accès de convoitise, portèrent les pas sur la côte africaine, notamment à Carthage, vers la pointe sarde, puis à Gadès (Qadesh), et même sur les rives de notre Atlantique, comme au fond du golfe Gallique ; ils

---

(1) LEQUIEN : *Oriens Christianus.*

(2) Cartes de Pashley et de Raulin.

(3) *Ile de Crète*, par THENON.

négligèrent, par une sorte de fatalité ou par les conditions de leur race, la côte opposée de la Méditerranée, qui devient l'apanage pélasgique, en vertu d'un principe auquel les semi-primitifs, les colons ne dérogent pas.

Eux, les Phéniciens, sortaient des régions brûlées de l'Asie-Majeure ; les Pélasges, fils des monts, avaient peuplé l'Asie-Mineure avant d'occuper l'Hellespont. — Lire Babylone, Rome et Carthage dans Victor Hugo (une de ses pages complètes).

La migration phénicienne procède de la mer, comme celle des Galls, de la terre. Tandis que les Celtes, quelque peu exclusifs du courant lybien, représentaient l'expansion de gens énervés, rebelles aux aventures maritimes, les Phéniciens fondaient une bonne part de l'Europe, en se combinant avec les Galls du courant européen.

Qui donc n'est pas Phénicien dans la Méditerranée ?

Ceci peut s'appliquer à l'Ibérie, à l'Étrurie, aussi bien qu'aux bouches du Rhône et d'Éridan, à tous les estuaires des fleuves de ce cirque marin.

LA GRÈCE, ROME
ET LES ÉTRUSQUES

LA GRÈCE.

PRÈS avoir traité les obscurités, les conjectures du vieux monde, on n'hésite plus à se rapprocher des fondateurs européens ; on a le devoir de parler des anciens Grecs et Latins, malgré la difficulté de présenter des considérations neuves et nouvelles sur le sujet le plus étudié.

En principe, il est reconnu que l'Inde a créé et que l'Asie pélasgique a façonné ; d'où : la Grèce. Enfantement indo-hellénique, puis latin, facilité par le celtisme cosmopolite et prouvé par la fréquence de *a* phonétique-indou ; témoins : *Daanaou* , les Grecs ; *Akaïouscha*, les Achéens ; *Schardana*, les Sardes ; *Lega*, les Liges ; enfin, *Schekoulska*, Sicules ; *Tourscha*, Tusques ; *Aschascha*, Osques, etc. Platon, dans le Cratyle, avoue que bien des mots grecs venaient des Barbares, des Orientaux. Hérodote dit que les Pélasges étaient l'ancien nom des Éoliens et des Ioniens du Péloponèse et des Iles.

Entre un continent et la presqu'île, un archipel. A travers ces îlots, contrées limitées qui fondent les républiques possibles, s'établit un courant incessant, très agité, fécond en célèbres événements. C'est l'image affaiblie du courant fiévreux qui pousse les hommes de l'Europe actuelle vers l'Amérique et réciproquement.

La politique joue un rôle important que la philosophie religieuse et l'application des doctrines aux beaux-arts semblent protéger et servent, en tout cas, à orner. — On ne saurait comparer l'action religieuse de notre temps à celle de l'Olympe, obéie et vénérée sur la terre des premières républiques. Les peuples enfants ne réfléchissent pas ; ils cèdent spontanément à leur sensibilité : Achille, Agamennon, Hector semblent ne pas réfléchir, — notable différence avec les premiers Chrétiens.

Il n'est pas aisé de se figurer l'action politique, pas plus que l'influence morale sur les caractères, par la fédération des républiques rivales, par la vie religieuse en plein air. Aujourd'hui, la guerre constante nous déplaît ; notre humanisme s'accommode mal du bois sacré avec la statue protectrice, bien que celui-ci, sans orientation précise, avec une source à l'abri des collines, paraisse le principe de toute existence groupée. C'est à peine si le temple s'est maintenu ; le bois et la grotte étaient trop à la nature. Nous avions la grotte comme en Grèce (contemplation et ascétisme) ; elle est abandonnée par les ermites même. Ce fut pourtant une imposante religion que celle des dieux humanisés au milieu des sombres retraites de la nature *(lucus angusti)*.

Quelle différence entre les basiliques et les cabanes de bois des montagnes de Lycie ou un temple primitif, celui d'Apollon, à Delos, si l'on veut ! Deux murs simples, très bas, laissant un vide, un passage recouvert par les dalles, comme sous la table druidique. Cette issue (*Túr*, défilé à travers la montagne), est le temple où subsiste encore le mur fondamental avec ses gigantesques assises de pierres irrégulières, enchevêtrées (1). A une époque plus rapprochée, en outre du sentiment très prononcé de la nature, le besoin de décorer engendre le temple couvert à colonnes.

Qui donna naissance à la vraie beauté grecque, à la ligne pure, celle qui nous charme comme type classique éternel ? Qui favorisa son éclosion sur les rives de l'Asie ? — Un doux zéphyre caressant le rivage le plus dentelé, le mieux découpé, et une source élevée, le Caucase. — A quoi tiennent les choses de ce monde ?—A des causes physiques qui donnent les origines, à cette compagne de la folle imagination, la poésie qui se mêle à la fin.

L'œuvre grecque a plus qu'aucune autre la grâce marine. La mer Égée, Αιγαιον, seconde l'épanouissement ; et le Péloponèse apparaît comme le creuset où se combinent l'art et la politique.

L'art est aux pierres élevées, sculptées, gravées (Périclès).

La philosophie à la politique (Platon).

(1) MAURY : *Histoire des religions de la Grèce.*

La politique à la guerre (Xénophon).

La religion à l'âme (Socrate).

La rhéthorique à la science (Aristote).

Le culte aux mythes (Dieux et croyances).

Les Hellènes, dont le rôle sera si éclatant à travers les fastes méditerranéens, sont de source pélasgique (1), établis un moment au cœur de la péninsule, complètement aux cavernes pastorales de l'Arcadie pour atteindre à l'Argolide, berceau de Jason et des Argonautes explorateurs, centre de première influence, puis aux sommets élégants de l'Attique. Ce sont des As-Aryens (2) façonnés sur l'Orient européen, se bornant vers l'Occident latin, à l'industrieuse Étrurie, aux sybarites Sicules, à la molle Cyrénaïque, enfin, aux rudes Cimmériens. Ils s'inspirent presque tous de la Phénicie. On dit que la position favorisa Athènes au détriment de la Béotie dont l'air était moins vif, sans originalité. Toutefois, les Béotiens apprirent les lettres phéniciennes, Φοινιχηια γραμματα (3).

L'Asie Mineure dominait l'Argolide. Troie et Rhodes, c'est-à-dire les deux pôles, pélasgien, phénicien, firent la Grèce qui n'est qu'une conséquence, avec le secours de décompositions presque homonymes et analogues : La Lydie *(ludus)*, la Lycie (λυχος), puis sur la côte africaine, aux Syrtes, une création égypto-grecque, la Lybie (lig, λεων, leeuw, lion) (4).

---

(1) Fable de Hellé et du bélier reproduite par les bronzes (V. les collections).

(2) N'est-ce pas le radical d'Assyrien ?

(3) Perrot.

(4) Racine supposée.

Hérodote insiste sur l'influence que la Lydie reçut des Assyriens ; Ilion aurait eu des points de contact ninivites. — Seulement, au temps de Périclès, la Grèce avait rompu avec l'Orient, aussi soigneusement qu'au règne de Sargon, l'Assyrie avait rompu avec l'Égypte.

Il y eut des centres de fusion, non loin des deux rives de l'Archipel même, Samothrace et Rhodes : Gréco-Phénicie, archaïsme et finesse.

Dans la phase héroïque, Cadmus, Qadmôn, Cadmilus, Camillus qui aurait épousé Harmonie ou Électre aux noms sympathiques.

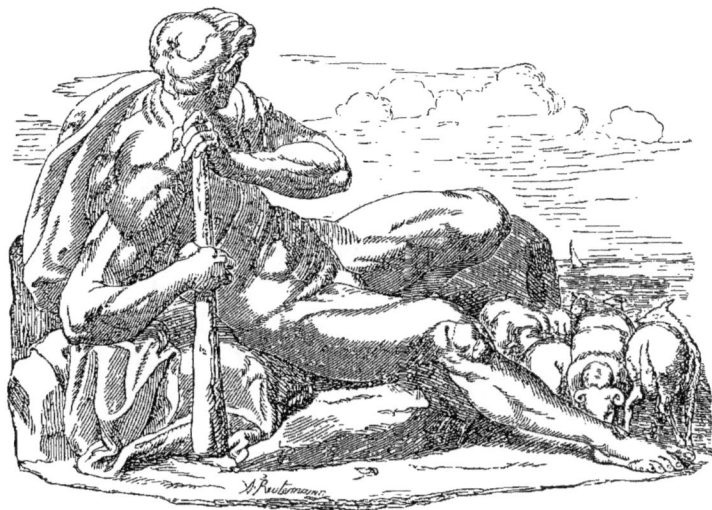

PÉRIODE GRECQUE.

~~~~~~~~~~

A VEC la lutte des héros, les récits des combats (1). Le divin Homère naquit pour ces récits. « Au lieu d'être le précurseur, il pourrait être le dernier grand homme d'une civilisation dont l'histoire n'est point venue jusqu'à nous (2). »

Œdipe et Homère n'auraient-ils été que des mythes?

Après eux, des philosophes comme Platon qui recommande la dictature, τυραννια, et, d'un autre côté, veut « *l'autorité en soi.* » D'où, l'influence réciproque de la politique sur la religion et cette mobilité qui grandit tout. en opposition avec l'immobilisme asiatique.

Socrate ; — le savant Aristote qui élève le conquérant

(1) EGGER : *De l'Hellénisme.*

(2) Mme Ol. Audouard.

précoce, Alexandre de Macédoine (1). La liberté crée les origines du droit, et le droit préside à la justice ; celle-ci s'exprimera publiquement à l'Aréopage, Αρειοσ Παγος, bourg de Mars, qui donne la mesure de la procédure parfaite. Imitons Athènes, — qui a éclairé et civilisé les peuples — plutôt que Sparte qui tient à rester un point sombre au milieu de la lumière. Comme Rome, des rois créèrent Athènes ; durant cinq siècles, depuis Cécrops jusqu'à Codrus (2), sans compter les règnes fabuleux. Si, à Athènes, la femme était esclave, à Sparte, elle était, par contre, complètement émancipée. D'où ces alternatives de liberté et de tyrannie que la démocratie présente souvent.

De notre temps, l'Anglais est Spartiate par l'émancipation, le défaut de dot, la recherche libre du mariage ; — l'Hellénisme crée plus l'Angleterre que la France.

---

(1) Desdevise Duderert : *Étude sur la Macédoine antique.*
(2) Grote : *Histoire de la Grèce.*

ART, RELIGION ET POLITIQUE.

~~~~~~~~~

E la politique, nous arrivons spécialement aux influences sur les idées d'abord religieuses, puis artistiques. C'est là qu'est l'étude essentielle. La période grecque est marquée ordinairement par trois divisions :

1° Solon; 2° Thémistocle et Aristide; 3° Périclès ou de Périclès à Alexandre; on connaît les principaux monuments de cette période illustre : statues ou moulages, médailles, bronzes et manuscrits (1).

Les philosophes ont fondé la force virile.

---

(1) Les formes de l'écriture précisent les différents âges des manuscrits grecs. Voir, pour les principales confusions de lettres et de mots, la *Commentatio palæographica*, de Bast, imprimée à la suite du *Gregorius Corinthus*, édité par Schœfer.

Les penseurs religieux, la grâce féminine.

Ensemble personnifié par Athéné, sagesse divine, vertu guerrière. Quelle personnification plus générale du principe féminin que Vénus (Aphrodite) : elle représentait l'attraction universelle et la génération des êtres. La religion grecque, série idéale des lois du monde, réunit dans la même personne les idées de beauté, de volupté féconde et de maternité, idées inséparables dans la nature des choses, mais qui font naître dans l'esprit des impressions bien différentes, les unes graves, les autres sensuelles. Il y a une Aphrodite marine pour les populations marines : c'est la perle du culte nettunien auquel se livre un petit monde presque issu de la mer et vivant communément avec elle. D'Aphrodite à Astarté syrienne, il y a maints rapports.

Ce serait une des études les plus intéressantes à soumettre aux érudits que celle qui établit la corrélation, le passage des vieux mythes à la mythologie grecque (1). Exemple : avec la monarchie des Pélopides, le premier mythe, le culte du feu, issu de la Haute-Asie, créant le culte de Hestia ou Vesta ; plus tard, les Pénates allant de l'Asia Minor à l'Italie. Ainsi, une notable part de l'histoire ancienne serait percée à jour. Tâche fort difficile, car l'étude esthétique est plus suivie que celle de la religion et de la politique. « Et pourtant l'étude comparée des religions nous rendrait meilleurs (2). »

La république ne se fait qu'avec l'art émancipé. L'art grec

---

(1) DULAURE, 1805 : *Des cultes qui ont précédé et amené l'idolâtrie ou l'adoration des figures humaines.*

(2) Max Muller.

ne serait que de l'oriental tempéré par le phénicien, issu entre
l'Assyrie et l'Égypte, dont l'influence aurait été supérieure à
celle de la Phénicie. (Voir au Louvre les quelques têtes palmy-
réniennes) ; Palmyre était demeurée le principe et le type superbe
de la beauté grecque (1). Mais la passion du beau s'épanouit sur
la côte de l'Asie-Mineure avec retour vers le Pont jusqu'à la
Cimmérie, sur la côte du Péloponèse, à travers l'Archipel, sur
la voie d'Éleusis à Athènes encore peuplée de majestueux
débris (2). Chypre et la Crète ont leur part ; puis, d'un côté,
Cyrène, de l'autre Syracuse, Tarente. Sur cet espace restreint,
quand on le compare au monde connu, l'expression du plus
noble goût s'était manifestée.

Après cela, il serait téméraire de prétendre à l'innovation
sur de tels sujets. Je conseillerais un voyage, en quelque sorte
esthétique ; le mode le plus profitable étant encore celui des
archéologues qui daignent quitter leurs cabinets (3). L'exploration pourrait commencer, soit à Cnide, d'où le Musée Britan-
nique a tiré le fameux lion et les douze statues Branchides (4) ;
soit à Halicarnasse qui a donné l'inscription de Myrta, jeune
fille de dix-neuf ans, chantée par une âme sensible, André
Chénier ; justification de notre Bernardin-de-Saint-Pierre, qui
prétend que ces vers doriens si touchants font presque entendre
l'élégie de la voix humaine. D'ailleurs, les inscriptions partici-

---

(1) Wood : *Ruines de Palmyre.*
(2) François Lenormant : *Recherches à Éleusis,* 1860.
(3) M. Rob. Cockerell a étudié Égine et Phigalie ; sir Ch. Fellows, Xanthe.
(4) Ch. Newton : *Halicarnassus, Cnidus et Branchidæ.*

pent ici des maximes morales et pieuses : « Ceux que les dieux aiment, meurent jeunes. » En Crète : « Voyageur, ne viole pas la pureté de mon tombeau, de peur d'exciter contre toi la colère de Pluton et de Proserpine ; mais en passant, dis à Aratios : « Que la terre te soit légère! » Une autre : « L'homme est un brin d'herbe. »

Un livre, recueil fidèle d'inscriptions choisies, serait précieux à tous les titres (1).

Vers Rhodes, centre intellectuel, puis vers la Crète, l'Égypte et la Phénicie, se font encore sentir les qualités de noble race. La Doride donne le premier style simple architectural ; — en Ionie, progrès par le souffle assyrien, et à Corinthe, enthousiasme : tout ceci déterminant le lien quelque peu insaisissable entre l'Orient colossal, militaire et tyran. Ces courants entre Sardes (Crœsus) et Trallis (Attale) convergent toutefois vers un point d'intensité, et, je ne crois pas me tromper en le précisant, au monument de Mausoles, roi de Carie, celui à qui Lucien fait dire : « J'étais grand, beau, terrible dans les combats. »

L'histoire de cette merveille est connue : Une reine inconsolable ou orgueilleuse, Artémise, a élevé ces trente-six colonnes sur soubassement, avec frise sculptée, le tout dominé par une pyramide de vingt-quatre degrés, supportant un quadrige de marbre. On assure que la démolition de ce chef-d'œuvre, opérée par les mains sacriléges des chevaliers de Saint-Jean, date du quinzième siècle et qu'un voyageur visitant Boudroum (Halicarnasse) en 1472, ne trouva plus que des vestiges appa-

---

(1) Tombeau de Glaucia, à Marseille ; d'Apelles, à Arles.

rents. Le marbre servit longtemps à fabriquer de la chaux, puis est survenu le néant!

« Les âges minent, les hommes renversent (1). »

Le même sort attendait l'œuvre de Pœonios et Daphnis, le temple de Didymes (Didyméon, Did-yma en Semite), au grave pronaos (2), dont les colonnes, les plus hautes connues, avaient soixante pieds; celui de Jupiter Panhellénien à Égine, au superbe fronton; les monuments de la *Céramique* (3) *extérieure* à Athènes : Hegéso, fille de Proxenos; Demeria et Pamphile, aux façons égypto-grecques, et Dexileos, avec sa gracieuse sculpture parthénonienne : ce Dexileos était un des cinq morts devant Corinthe. Et le temple d'Apollon, ou moins important, le tombeau d'Agathon, près la porte Dipyle ! Pourquoi les peuples ne seraient-ils pas unis pour restaurer et conserver de telles fortunes?

Comme la colère humaine est aveugle, elle ne détruit pas tout absolument. Assus, village de l'ancienne Mysie, où vécut Aristote, est couvert de monuments, surtout d'un théâtre presque entier; et Soli, plus tard Pompéiopolis (Cilicie).

En Lycie, le tombeau de Xanthus (4).

En Sicile, le tombeau de Théron.

En Algérie, le Madracen.

---

(1) Chateaubriand.

(2) V. le plan d'Alb. Thomas. Rome, 1874.

(3) Cimetière hors la porte.

(4) Salzmann à Kamiro; Wood à Éphèse.

Le centre monumental important est Éphèse (1). — Architecture et sculpture parfaites, selon les règles du κάνων. Après sept incendies, le jeune conquérant Alexandre avait offert la reconstruction du temple de Diane ; mais le patriotisme, que l'archéologie a mission de célébrer, fut tel que chaque ville contribua pour la dernière érection. — A ce jour, les fragments sont soigneusement importés en Angleterre (2). Éphèse, selon la méthode, avait des monuments distribués entre cinq quartiers attenants dans la plaine ; les habitants vivaient sur les coteaux du Pion ou Prion, comme à Rome et aux autres cités-mères. Son théâtre était immense autant que le Colysée. — Type longtemps donné par cet asile de Diane, parfait ionique, comme Sainte-Sophie, parfait byzantin. Toutefois, ces types existaient auparavant ; on reviendra volontiers au temple d'Éphèse, non pas qu'il fût plus pur que les œuvres de Carie, de Lydie et d'Athènes, mais il présentait l'ensemble complet : variété, grandeur. Qu'on lise Pausanias, Strabon, avec leurs étonnements sur ces portes en cyprès qui, après quatre siècles, leur semblaient neuves ! — Le *cupressus*, plus que le *juniperus*, affectait la forme d'une larme. Tous les deux, applicables à ce qui périt, figuraient l'immortalité, puisque, durables, ils paraissaient défier l'action corrosive du temps.

Les sculptures célèbres vinrent des îles de marbre, où la matière minérale secondait le génie poétisant. Pythios est

---

(1) Falkener.

(2) V. mon volume *Esthétique :* les Insulaires.

l'auteur du quadrige ; Agoracrite, puis Bryaxis l'Athénien.
Leocharès excellait aux portraits ; Timothée, moins célèbre,
eut son rang. — Praxitèle sculpte, Apelles peint, Scopas hérite
des deux.

CHERSONÈSE TAURIQUE OU CIMMÉRIQUE.

L E sentiment grec s'étend indirectement à certaines contrées. La Chersonèse Cimmérique joue presque le rôle de l'Étrurie. Les fouilles de 1830-1860 ont amené des révélations. De l'époque avant Alexandre, on ne sait rien ; mais du règne beaucoup : une supériorité à confondre les connaissances, à étonner les connaisseurs. Les objets trouvés à Kertch (Panticapœa) ont été recueillis avec soin par un directeur (1) et l'Administration des Beaux-Arts à Pétersbourg. Les belles médailles sont rares ; une seule, et il n'en faut qu'une pour illustrer un médailler, Tête de Pan couronnée de lierre, au droit ; le revers porte sur épi un griffon tenant au bec un fer de lance. Quelle parcimonie, à côté du

---

(1) LUTZENSKO : *Antiquités du Bosphore Cimmérien.* 3 vol. in-folio.

riche foyer homérique qui crée les splendides statères d'or de Cyzique, si variées !

Les vases en argent ou en electrum appartiennent au temps de la domination romaine. Ceux en terre cuite, dont deux avec reliefs, font exception par leur beauté : l'un, « l'enlèvement de Cassandre; » l'autre, « une chasse conduite par des satrapes, » signé Xénophante, artiste athénien. — Rapport avec le grand vase de Naples, dit de Darius, parce que le nom de Darius y figure. La Grèce et l'Asie y sont personnifiées, et l'Italie, auteur de ce dernier trouvé à Canosa, marquait le sentiment direct de la Grèce qui de tout temps s'était inspirée de la Perse.

Sur les vases peints où figure Aphrodite, confondue quelquefois avec Perséphone, elle est entièrement vêtue, tandis qu'aux miroirs étrusques, nue ou à demi-drapée, comme dans le bain qui sert d'excuse à la nudité, elle est désignée sous le nom de *Turan*, digne d'exercer l'attention des savants. — Quand les danses antiques sont représentées, les femmes seules sont en scène.

On trouva, il y a quelques années, des cercueils en bois, sculptés et dorés ; deux verres précieux, dont un signé *Ennion*, comme un autre trouvé en Italie. Ennion était grec.

Pour avoir une idée juste de la Chersonèse, il faut la considérer comme le point extrême de cette ligne asiatique qui compte Thasos (Chrysé la dorée), Melos, Rhodes. La Chersonèse avait hérité du souffle divin ; ses provenances présentent des similitudes absolues entre Kertch et Saïda, sources païennes. Le Musée de l'Ermitage (1), si riche en cimmériens, étale des

(1) Pétersbourg.

figures scythes et des formes grecques ou gréco-étrusques ; la remarque est constante pour la Tauride (1), dont la pureté hellénique coudoie le type tartare ou indien pur. — Quant aux cités ouvertement chrétiennes, elles sont plutôt une conséquence celtique, placées aux estuaires des fleuves, comme Kiew, la ville sainte, cité de Wladimir.

De là, une alliance heureuse qui dure encore en Russie, pour l'iconographie sacrée (2).

Revenons sur le terrain de nos études, la côte asiatique, l'Hellade, puis le Péloponèse.

----

(1) Kœhne : *Etude sur la Tauride.*

(2) Consulter Paul Dubrux, un Français, à qui la Russie savante doit de la reconnaissance.

COTE ASIATIQUE ET PÉLOPONÈSE.

'Asie--Mineure réunit toutes les qualités applicables à la nature et aux hommes, ayant enfanté
la splendeur idéale, ainsi que ses originalités per-
mises.

Quelle féconde exubérance (1)! Comme la nature est géné-
reuse aux doux pays de la Méditerranée, dans ce cercle formé
par la région de l'olivier! Mère prodigue en marbres ou pierres
précieuses, en bois d'essences diverses avec des fruits délicieux,
en couleurs brillantes et pures, en végétaux aux formes les plus
noblement simples et en fleurs odorantes!

Si le *bien* et le *beau* suffisent à l'apogée des arts, en créant la
ligne et la forme, c'est pour l'antiquité que l'esthétique est
écrite principalement. Son étude comprend à peu près toute

---

(1) G. Perrot : *Art dans l'Asie-Mineure.*

tentative de l'esprit humain, les monuments avec l'architecture, la statuaire et la peinture, l'industrie agrémentée des métaux, des terres cuites, de la verrerie. Supériorité due à la race dont l'imagination et la vie nerveuses excellent ; ainsi, dans le monde asiatique, l'Inde et le Japon ; et, comme procédant d'une moindre Asie, la Grèce et Rome.

L'Inde a inventé, la Grèce créera. Le Japon tourne ; Rome ne jure que par le cercle (*circulus*). Selon que la manifestation est simple et primitive, il y a archaïsme ou réalisme régulier.

L'Archaïsme est le sanctuaire de l'archéologie. Sans être toujours beau, puisqu'il peut descendre au grotesque, il est la légende dans la tradition, lien utile et respectable que nous, modernes, ne respectons pas assez. C'est qu'il marque partout sa supériorité ; l'école d'Égine, de Polyclète, de Phidias l'emporte sur l'art au temps d'Alexandre, des Ptolémées et des Romains. — Ne pas confondre les objets de bronze d'avant Périclès avec les imitations faites un siècle plus tard, par souvenir du passé ; ainsi : l'*Apollon*, figurine en bronze du Louvre, signalé par M. de Witte.

Après l'archaïsme, nous découvrons le *simple*, qui se composera et s'ornera avec le temps, le goût, les révolutions. Le mur simple, avec ses fortes assises, a toujours précédé le temple, qui est un principe de dessin et digne de l'invention architectonique des Grecs (Ictinos et Callicratès).

Le *sublime* est comme l'éclat final de l'artifice : au premier rang, les temples que nous avons cités (1). Et pour les moindres

---

(1) MICHAELIS : *Description du Parthénon.*

proportions, le plastique, le relief des panathénées, les médailles, les statues (1). Quelle série éblouissante avec les airains de Corinthe, les statues d'Athènes, les tableaux sur bois de larix, d'Apelles, de Parrhasios, de Zeuxis, d'Euphranor et de Protogènes!

Si nous avions les hautes études sérieuses, les élèves en doctorat pénètreraient les secrets des hôtes de l'Olympe; ils ne craindraient pas de s'intéresser à la Pythie convulsionnaire de Delphes, sorte de médium (2). Ils comprendraient la vie publique en pleine lumière : le temple avec ses sacrifices, les cérémonies, les ustensiles, les gestes, les chants, la musique, les présents d'or à l'intérieur, les statues de bronze à l'extérieur, tous sujets de rivalité entre artistes et de perfectionnement. — Encore moins à Athênes, qui avait le privilége du goût. — « Non licet omnibus adire Corinthum. »

Que l'art soit monumental, statuaire, épigraphique, fresque coloriée ou non, bronze ou verre façonné, il s'inspire du langage ou mieux de l'idée. Et quand les idées sont nombreuses, leur expression est facile, substantielle. Telle la qualité de Phidias qui procède d'Homère et en tire ses élans grandioses.

Le talent est encore secondé par la matière. La petite Paros servit la cause des génies, car les marbres eux-mêmes peuvent constituer la différence dans le faire et l'agrément. — Ne jamais comparer ce Paros avec le Carrare toscan, moins énergique, appelé de nos jours statuaire. Un hellène pur ne saurait com-

---

(1) BEULÉ : *L'art grec avant Périclès.* 1 vol.

(2) PAUSANIAS : *Récit sur les villes grecques de la Macédoine.*

prendre le marbre sans le grain fort, à facettes de cristal. Le blanc de l'Étrurie peut au plus convenir au buste féminin, moins noblement au corps entier ou au monument. Qui a le plus élevé la fortune de notre Louvre, si ce n'est quelque type séduisant du Paros, la Victoire de Samothrace ou la Vénus de Milo, attribuée à Polyxène! — On compléterait, dit-on, le chef-d'œuvre, et au lieu d'une Vénus *Victrix* (1), on aurait une Vénus à la *pomme*. D'après les commandants de la marine (2) qui assistaient à la découverte, la statue avait un bras gauche tenant une pomme, sorte de fruit consacré depuis le jugement d'Hélène et de Pâris (3), fragment perdu ou dérobé (4).

(1) Brescia.
(2) Navire *Chevrette*.
(3) Signe de la perdition d'Ève et du premier homme.
(4) Clarac, Matterer, d'Urville, Aicard, Frohner.

TRÉSOR DE PRIAM.

EPUIS quelque temps, l'archéologie est singulièrement éveillée par la nouvelle d'un trésor trouvé
sur l'emplacement de Troie. M. Schliemann
présente en effet des spécimens très vieux et
assez celtiques ; viennent-ils de Troie d'Homère ou du nouvel
Ilion ? — De là, dispute entre savants.

La *Gazette d'Augsbourg* porte à cinquante-six le nombre des
paniers et caisses remplis de vases et objets divers, parmi
lesquels des pièces en or, extraites des ruines intérieures d'un
Megaron.

Cette collection assortie, symbolique ou usuelle, attribuée à
l'époque antéhomérique, se compose d'un grand vase, forme
saucière, d'une bouteille sphérique et d'un gobelet, le tout en
or ; de plusieurs gobelets en argent, d'un en électron ; puis de
coiffures de femme, en or, sortes de bracelets frangés, s'adap-
tant sur le front. Quelques poteries ont, comme les mexicaines,

des anses partant du bas, avec des boutons éparpillés et des figures en haut près de l'ouverture ; elles sont tournées. D'ailleurs, Homère dit, à propos d'une danse figurée sur le bouclier d'Achille : « Cette troupe danse si bien et si vite que la roue agitée par la main du potier ne tourne pas mieux et plus rapidement (1). »

Un vase pétri à la main laisse voir une inscription en caractères chinois, simples et d'ancien style, assez pour donner cours à mille conjectures sur l'immixtion touranienne en Asie-Mineure. Tyr et Assour, nous l'avons dit, supposent des filons, sinon des alliages.

Un savant directeur de l'école d'Athènes ne doute pas de l'authenticité du dépôt à Hissarlik ; le défaut du fer lui paraît une preuve concluante en faveur du vieux Ilion. Émile Burnouf oublie un peu trop qu'avec les symboles, qui sont de beaucoup les plus nombreux aux fouilles et découvertes, le bronze est employé aux époques tardives, à l'exclusion du fer. M. Ch. Newton (2), dont j'ai apprécié l'intimité, écrit au *Times*, 3 avril 1874, que le trésor est réellement pré-hellénique, mais trouvé sur l'emplacement nouveau *(Ilium novum)*; il ne saurait l'attribuer aux ruines de l'ancien, qui n'a peut-être pas existé, *Campos ubi Troja fuit.* Il faudrait encore moins décider par le bloc trouvé dans le sous-sol, qui prouve surabondamment la situation relativement moderne d'Ilion à Hissarlik (3). Cette

---

(1) V. Ch. *Deux hémisphères.*

(2) *British Museum.*

(3) D'autres disent Bali-Dagh.

métope (le Soleil conduit par quatre chevaux) est de l'époque parfaite, digne d'Éphèse et d'Athènes, digne de Pœnis et d'Alcamènes, auteurs des métopes du Parthénon, sous la direction seule de Phidias, qui avait tout animé. — De ce qu'elle est trouvée non loin des poteries et de l'orfèvrerie anté-homériques, il ne s'ensuit pas que le vieux Ilion d'Homère n'ait jamais existé. — Comment alors expliquer ce trésor archaïque, qu'on le nomme de Priam ou d'un autre nom ?

L'Asie-Mineure enseigne l'art superbe de Samos à Delphes, de Corinthe à Athènes, à Olympie (1), à Élis, peu explorée et étudiée, puis aux Deux-Siciles. Rhodes, Zante et Massalie, si grecs, n'enseignèrent pourtant à l'Espagne que le commerce. Plus vraiment, la Phénicie, trait-d'union entre l'Égypte et la Grèce, paraîtrait la contrée vulgarisatrice du goût sévère avec la Phocide, attirée vers notre Occident. Preuves : les bijoux (2) phéniciens de la plus ancienne époque, trouvés à Kamiros, ruinée 500 ans av. J.-C. ; — les fils de Chanaan établis, selon Thucydide, à Cythère et dans la mer Égée. Selon Pausanias, cent dix ans après la guerre de Troie, l'archipel est peuplé de Phéniciens dans ses villages, Φοινικα. — Syros a encore un lieu nommé Φοινικας.

Cyrène, oasis des arts passionnés, a été dernièrement révélée (3). Grâce suave, dimension colossale, l'une athénienne, l'autre memphitique : épanouissement fleuri, tout

(1) Fouilles récentes opérées par la France.
(2) Riche collection de Clercq.
(3) Smith et Porcher.

sensuel, composé grec, phénicien et juif, expliqué par une philosophie facile. — Aristippe enseignait la morale du plaisir ; à mesure que cette tendance énervante passe de la Pentapole aux côtes de la Basse-Italie, elle communique de proche en proche son tempérament, et donne naissance à Sybaris, à l'habitude de l'hétaïre, εταιρα, compagne, courtisane.

Que de charmes attachés au temple de Vénus! Étudier « l'Apollo Cytharedus, » chef-d'œuvre digne d'Athènes et la statuaire spéciale à cette voluptueuse contrée.

CÉRAMIE ET GLYPTIQUE.

~~~~~~~

S i la Céramie est une preuve de la civilisation, l'auxiliaire du passé, au moyen des poteries, des tessons, le vase en est sa glorification. Le vase est l'unité des formes les plus variées (1), s'abaissant même jusqu'au plat, qui est un idéal, quoique dérivé du vase aplati. Ses dimensions vont depuis le dé à coudre jusqu'au tonneau de Diogène, *dolium* de la plus grosse espèce, brisé, ouvert sur le devant, raccordé et soutenu par des lames de plomb.

Ne lit-on pas, pour l'honneur de la céramie, qu'un tyran de Syracuse l'avait pratiquée ; qu'elle est illustre aux livres saints et dans l'Ecclésiastique, « les douceurs honnêtes du potier « (fictor, figulus, κεραμεύς, πλαστης), homme accompli, *factus ad unguem* ; et, en jouant sur les mots, homme fait

---

(1) ZIEGLER et Charles BLANC : *Forme des vases.*

au tour. Les doigts, les ongles donnaient le dernier coup, la dernière main avant d'envoyer le tout au four (1). Enfin, venait l'ornementation. Toujours la beauté procédant de la forme parfaite, tendance dominée par l'art essentiel du dessin inventé avant le plastique. Si de la poterie nous passons aux étoffes, nous sommes émerveillés par la transparente mousseline de Cos (2).

Le burinage en creux, le moulage et le repoussage en ronde bosse (incised or in relief), constitue le nouveau ou l'ancien style, ce στυλος qui joue comme le Χαρακτηρ un tel rôle double qu'il signifie le style et la colonne tout à la fois. La colonne, c'est le temple ; et le temple, la nation, tout le monde.

La méthode différente (creux ou relief) s'appliquait aux miroirs comme aux coupes samiennes, qu'on nomme plus tard sigillées.

Quant aux vases, celui dit de Cumes, décrit dans l'*Esthétique*, Ch. Ermitage, est justement le plus parfait. Les figures dorées surpassent la richesse des produits antiques connus. On sait que les reliefs dorés sont rares et une cause de recherche.

Autre vase de Cumes au Musée de Naples (fouilles du comte de Syracuse) : *Combat des Amazones contre Thésée*, reproduit avec une élégance et une pureté de dessin inimitables. La présence

---

(1) Rapports très curieux avec l'art *quichua* du Pérou. Celui-ci eut des temples à lourdes colonnes, des dieux accouplés, des stèles, des reliefs avec guerriers pareils à Thésée combattant en demi-dieu. Voir V. Lopez : *Races aryennes du Pérou*.

(2) L'Inde Kashmeer envoyait aussi ses tissus laineux, payés très cher sous Denys l'Ancien.

de Minerve et de certains personnages attiques donne de la nouveauté au sujet. La collection du Louvre offre une partie importante des vases dits de Corinthe, puis celle des étrusques noirs et les spécimens de l'Italie méridionale. Une suite gracieuse et bien originale est celle des terres cuites de Tanagra (Béotie), où les statuettes des femmes drapées à la thébaine sont les plus nombreuses. Je lui préfère la suite plus classique des pièces de la vieille Tarse, assise sur les rives de ce Cydnus (1) dont la fraîcheur des eaux enivrait les habitants comparés aux oiseaux aquatiques groupés sur ses bords. Les vases de la Grèce proprement dite, sont rangés avec intelligence au *British Museum*, en trois parties, selon trois âges de l'histoire (2). Les poteries gréco-phéniques ont des séries de cercles concentriques, lignes, spirales, méandres, damiers, étoiles, roues à quatre rayons (3). Les sceaux thasiens, si variés, sont apposés sur les anses des amphores. M. Hittorf part de cette judicieuse remarque, qu'il n'est pas de peinture antique, même sur les vases peints où domine la figure humaine, qui ne présente comme partie principale ou accessoire un monument, sinon une portion de monument, intéressant l'architecte. Tout le monde connaît les vases blancs d'Athènes, λεϰιθι, avec leur forme particulière élancée et une couche de chaux laiteuse sur la panse où sont représentées les figures le plus souvent marquées par un trait à l'encre.

La gravure sur la pierre dure, entre les mains des ouvriers de

---

(1) Heuzey.

(2) Catalogues : *First and second vase room.*

(3) Birch : *Histoire de la poterie antique.*

l'Hellade, était devenue un art sérieux et attrayant (glyptique,
intaille). L'Égypte, la Grèce, Rome et l'Étrurie s'y étaient
adonnées. On cite : sous Alexandre, le graveur Pyrgotelès ; et
sous Auguste, Dioscoride. Les pierres dures, agate, cornaline,
onyx, calcédoine, sardoine, jaspe, topaze servirent à cet usage,
ainsi que le plasme d'émeraude et non l'émeraude qu'on trouve
à Chio et doit se trouver à Chypre. Un tel fini dans le travail
exigeait le verre grossissant, la loupe. Aujourd'hui, les collections
ont recueilli quelques épaves et la contrefaçon menace les plus
vertueux amateurs. Le plus riche cabinet de pierres gravées est
à Paris ; puis, viennent Londres, Pétersbourg, Naples qui
possède la coupe Farnèse, *tassa Farnesiana* (1).

_____

(1) *Recueils :* de M. l'Ev^que de Gravelles, 1732-1737 ; de P.-J. Mariette,
1750.

VERRES ET MÉTAUX.

ᴇs métaux ouvrés, fondus ou ciselés, eurent un traducteur dans Miron, sculpteur et statuaire qui excella dans le coulage du métal, même après l'époque de Phidias. L'Athénien Silanion, sculpteur très distingué en bronze, florissait 324 ans av. J.-C. Sa statue de Sapho, au Prytanée de Syracuse, passait, sous l'administration de Verrès, pour merveilleuse.

L'incrustation d'un métal sur un autre devint une mode qui s'est continuée à travers l'empire, jusqu'à la chute de Byzance ; mode orientale qui tend à reparaître. L'emploi du verre et son application aux besoins journaliers de la vie, constituent un pas de supérieure marche ascendante.

Différence du verre et de la pierre spéculaire (Caligula-Titus) sous le Haut Empire (1).

(1) Pline, *Hist. nat.*; Sénèque, Pétrone, Suétone, Vopiscus ; Philon, Martial, Capitolin, Clément d'Alexandrie, auteurs.

Aristophane parle du verre dans les *Nuées* (1). La verrerie grecque réduite à la grosse pâte, ordinairement bleue, jaune ou blanche, est plus opaque et ne paraît pas avoir été plus usitée que la romaine. J'ai vu payer à Londres quinze cents francs un petit verre d'Athènes avec couvert, forme simple de sucrier, où des points or et azur relevaient la pâte blanche ainsi mouchetée. — La recherche est en raison de la rareté.

(1) Phil. BUONAROTTI : *Médaillons antiques et vases de verre.*

NUMISMATIQUE.

~~~~~~~~

NTRE tous les monuments du passé, la médaille ou la monnaie dont l'étude constitue la *numis* ou mieux la *nomismatique,* νόμισμα, répand le plus de lumière dans la science. Rarement équivoque pour les dates, elle est nombreuse, variée, tellement facile à classer par les figures des rois, les emblèmes ou les mythes, qu'elle est comme la chaîne non interrompue de la tradition humaine. Il suffit que la médaille soit alliée à d'autres objets pour qu'elle indique le degré d'archaïsme et corrige bien des erreurs ; car un objet rudimentaire, nous l'avons dit, n'est pas toujours le plus ancien. Le langage écrit pourrait, au plus, rendre des services préférés.

Pour être peuple, il ne suffit donc pas de creuser des navires dans les troncs d'arbre, d'animer la nature morte, de s'appro-

prier le bien d'autrui par les armes, il faut avoir une monnaie
et une belle monnaie (1).

Ce fut aussi l'apanage du monde grec et la preuve se fait avec
bonheur, quand on considère les médailles frappées de Rhode
à Cyzique, au Péloponèse et dans la Grèce italienne, avec
l'image parfaite, la spirituelle et poétique composition (2)
Ainsi, les types de l'Asie-Mineure : « lion dévorant, côte
Thracienne; cheval marin, Lampsaque; sanglier ailé, Clazomène; phoque, Phocée; tête de veau, Mitylène; léopard,
Smyrne; tête de nègre, Antissa de Lesbos, lesbienne et del-
phique; tête de bélier, Cebrenia ou Clazomène, Égine et
Céphalonie; tête de lion, Cyzique, plus qu'à Cardia, à Cnide
et en Sicile; partie antérieure de sanglier, Methymna de Lesbos;
tête canine, Colophon; tête de griffon, Téos et encore à Phocée;
le masque, à Abydos qui en avait le monopole; abeille, Éphèse;
face léonine et taureau, Samos; rose, Rhodes. » — Ceux de
l'Hellade : pégase, Corinthe; taureau, Phocide; dauphin,
Delphes; loup, Argos; chouette, Athènes; bouclier, Béotie;
tortue, Égine. — Ceux de la Grèce sicule : dauphin, Tarente;
épi, Métaponte; trépied, Crotone; crabe, Agrigente; lièvre,
Messine; comme les échos heureusement répercutés de l'Asie
pontique et pélasgique : Sybaris, Caulonia, Posidonia très
anciennes; les chefs-d'œuvre de Syracuse, Panorme, Catania;
et les empreintes si nobles des Troja et Archipel, Macédoine,

(1) Lire les remarquables études de nos Français de l'ancien régime,
Vaillant et Jobert.

(2) Art essentiellement grec et romain qui faiblit vers l'extrême Occident.

Chersonèse et Crète, Cyrène, Tripolis et Tyr ; des Thurii, Teanum Sidicinum, Elea, Nola, Venusa, Salapia, des Heraclea avec l'amazone ou femme herculéenne ; enfin, de Tigrane, Arménie ; Valence, Espagne ; Sinope, Antigone, Panticapœa, Tomi avec son mélange de grec et de scythe, Comana et la région du Pont (1).

Véritable poème de la gravure qui n'est autre que la source spiritualisée des armoiries des villes sous la féodalité !

Efflorescence en toutes choses, que l'on descende des idées générales aux minuties, des monuments à l'art amoindri.

Le goût parfait, émané des rives dori-ioniennes, a créé toutes les œuvres, de l'Archipel aux Colonnes d'Hercule *(mare internum)* et aux rives de l'Océan ; c'est que la poésie est inséparable de l'antiquité. — Lien intime qui confond le beau avec l'antique, la séduction des arts avec la noblesse des sentiments républicains; honneur de cet hellénisme où tout arrive et dont tout dépend.

---

(1) Rollin Feuardent et Hoffmann ont été les marchands distingués.

ROME.

E n'est pas sans un certain respect que l'on pro-
nonce le nom de la ville de Numa (1), des consuls,
des Scipions, de César, d'Auguste et des Antonins (2). — Les mythes ont formé les origines de
la Grèce, la philosophie élèvera la terre féconde du Latium ; la
politique y recevra cette consécration, qui est en quelque sorte
devenue l'apanage de la suite des temps et des peuples. Le mytho-
logisme permit l'application à la philosophie, et celle-ci a servi
puissamment la cause morale de l'antiquité.

Rome, formée elle-même des restes autochtones, produit
extravasé des Grecs, des colonies phéni-asiatiques et des Gall-
Ligures, apparaît comme un agent prédestiné à la civilisation
du bassin méditerranéen, la Grèce n'ayant pas le nerf suffisant

(1) Plutarque.
(2) DES VERGERS : *Essai sur Marc-Aurèle.* 1860, in-8°.

pour s'imposer aux peuples des latitudes froides de l'Occident et du Septentrion. Le Romain, originellement propre à cette affaire, fut maître de proche en proche, soumettant ses générateurs directs, l'Étrurie et le Samnium, puis les Gaulois, Celt-Ibères et Bretons ; à la fin, les Germains, Daces et Sarmates lointains. Revenant sur les Grecs et les Syro-Égyptiens déchus, il obtenait sous Auguste, Titus, et définitivement sous Hadrien, la possession du monde.— Voir, aux colonnes Trajane et Antonine, les reliefs en spirale ; sur le fronton des arcs, les fastueuses louanges.

La fondation de Rome est donc un fait immense ; quelques auteurs complaisants ajoutent : une intelligente nécessité. On s'est demandé si la vraie Rome, Ρυμα, ne provenait pas de Roma-Vecchia (Porto), où tout est gréco-étrusque, comme point de jonction entre Véies et Cumes. Les fouilles d'Ostie et de Préneste ont fourni des preuves. Plus encore, le monde phen-lige, allié quoique tardivement au gallois, comprenant les Insubriens, les Ligures, les Étrusques, participait du génie septentrional ; le monde grec, au sud littoral, s'arrêtait à Syracuse et à Neapolis. Il est avéré que le langage s'était accru des dialectes naissants : l'osque me semble le langage écrit du Sud, le falisque, celui du Nord. Les Véiens sont falères ; Sabins et Ombriens, falisques ; les Herniques et les Samnites, osques, *Oulsques* descendus même à Pompéi, puisqu'il a été publié un recueil d'inscriptions osques pompéiennes.

A la bonne époque, le style (langage, écriture) (1) est plein

---

(1) Des tablettes en cire.

de recherches. L'originelle simplicité dégénère en obscurité prolixe ou ellipse. L'épigraphie concise et maniérée nous prouve cette tendance. — César, facile à traduire, est difficile à comprendre. Tacite, à cause de l'extrême concision, exige des efforts et une initiation prolongée aux tournures latines. En revanche, le contraire se produit au deuxième siècle, comme pour dérouter la postérité curieuse, avec Ptolémée devenu classique au moyen-âge. Le naturel n'y est plus.

Quoi qu'il en soit, l'épigraphie latine est capitale au point de dévoiler : 1º les titres donnés aux empereurs et aux princes de leur famille dans les inscriptions et sur les médailles ; 2º les magistratures et fonctions sénatoriales, leur classement hiérarchique ; 3º les fonctions équestres ; 4º les magistratures des villes municipales et des colléges industriels ; 5º les sacerdoces et colléges religieux ; 6º les provinces du sénat et de l'empereur, consulaires, prétoriennes ou équestres ; 7º l'armée avec légions, cohortes, ailes auxiliaires, ainsi que les officiers et sous-officiers des différents corps ; 8º les revenus et impôts publics, y compris les fonctionnaires chargés de leur recouvrement.

L'incompatibilité de race fut un obstacle momentané à la diffusion du meilleur goût. La Grèce avait enseigné l'Étrurie ; la Gaule avait franchi les Alpes ou les lagunes ; la tradition celte débordait à la fois sur le Rhône et le fleuve Padouan. Pour fusionner, rompre l'immobilité, fonder et finalement occuper, Rome devait sortir de cette situation ; elle fut un produit exceptionnel du mouvement des peuples, s'inspira de tous et, sous une latitude déterminée, s'illustra par la piété religieuse, d'abord, les vertus civiques, puis par le militarisme, l'ordre administratif, le luxe des arts.

Le sens religieux avait contribué quelque peu au progrès général ; mais la supériorité qui rappelait la perfection asi-athénienne s'était particulièrement confinée dans l'Italie méridionale. — Au nord, l'art étrusque mixte ; au sud, archaïque en Sicile, avec Sélinonte, ville semi-phénicienne et une foule d'autres roulées sous la poussière des temps barbares.

Ensemble majestueux, où la critique peut aisément distribuer le blâme et l'éloge ; faisceau trop souvent rompu, soudainement recomposé, pour lequel l'observation autant que l'étude attentive suffit à fonder ce jugement que les plus célèbres nationalités naissent et meurent, en proie à des conditions à la fois factices et douées d'une certaine longévité !

MŒURS ET POLITIQUE.

'HISTOIRE romaine est comme celle d'un discours : elle a son exorde, la monarchie ; le trait, la république ; la péroraison, l'empire, lequel eut ses phases essentielles. Le souvenir de la vie publique romaine a servi la cause de civilisations particulières, comme celle de l'Italie contemporaine y puisant la mission de fonder la liberté, sans tomber dans les piéges. L'excès dans l'imitation, dans la contrainte de sentiments imposés, plus encore la gaucherie officielle, a nui à la politique française.

Je persiste dans cette opinion, qu'il n'y a de république sérieuse et durable qu'avec les sociétés organisées. Les sociétés livrées à elles-mêmes, à moins d'une éducation très morale, spécialement virile, finissent par la fausse république, qui passe comme un accident, et l'empire s'explique toujours davantage.

La preuve que la royauté avait rapidement élevé la cité latine, c'est qu'elle se sentait forte vis-à-vis de ses premiers parents, et qu'elle ne fut pas moins libre, sous certains empereurs (1), que sous le régime final (Gracchus, Marius, Sylla). — Opinion mieux accueillie de nos jours, paraissant constituer la nouvelle exégèse de l'histoire romaine (2). Quant à l'esclavage, il n'avait pas été inventé par les rois, mais préparé par les républicains ; de même, des stupides athlètes, gladiateurs, rétiaires avec leur force musculaire métallique et tout l'attirail du personnel servile (3), de la *Famille*, perfectionné sous Vitellius.

Qui n'entend, au cirque, les cris des spectateurs : *Habet!* « il a, touché ; » *Eugé!* « haro, » comme aux chiens que nous excitons. Ils battent encore des mains, à la mode asiatique et tiennent le pouce en haut ou en bas, selon qu'ils demandent la grâce ou l'achèvement du vaincu.

Quant à l''existence politique du Latium, elle s'impose plus encore que celle de Sparte et d'Athènes qui agissent par elles-mêmes, se débattent au milieu de troubles civils avant de céder aux séductions orientales. C'est presque l'état des autres groupes populeux et un peu comme à Rome, quand Tacite l'appelle « *avida discordiarum.* » Il est vrai que Rome n'échappe pas aux influences ambiantes ; sa lutte contre les Étrusques, puis celle contre les Samnites occupent l'histoire de la République ; l'Empire procède de l'Italie faite et formée. A sa naissance, dépourvue d'originalité, elle fut rarement elle-même, si ce n'est sous les

---

(1) Adoucissement de l'esclavage, sous Antonin et depuis la loi Petronia.

(2) V. Mommsen, Sybel; bientôt les historiens français.

(3) WHYTE-MELVILLE : *Les Gladiateurs.*

Scipions, quand les mœurs grecques prirent consistance, malgré le vieux Caton, le représentant du caractère national ou italien. Doctrine des étrangers qui concorde peut-être avec quelques écrivains français (1).

A l'apogée de la vie matérielle, on ne cesse de dire, *respublica*, même dans la série des douze césars, type du *césarisme*, puisque Trajan se plaisait à louer la république. Au temps d'Auguste, tout est accompli. C'est le moment de la vie intellectuelle, relativement morale; lorsque l'empereur emploie, recommande le mode d'adoption qui sacrifie les affections paternelles au bien public, à ce point que Marc-Aurèle fut plus tard accusé d'avoir laissé le trône à son fils Commode'; quand Horace écrit : « Le soleil n'est pas levé que je demande plume, papier, écritoire, » preuve de l'usage qu'on faisait de ces ustensiles.

Ces mérites se perdirent dans le personnalisme despotique de Néro jusqu'à la réaction Trajan-Antonine, qui ne dura pas assez. Pourtant les empereurs, se prenant au sérieux, avaient des mots, comme Tibère : « *Et tu, Galba, quandoque degustabis imperium* (2)? » Comme Sévère (3), « l'homme de son nom, le Sylla punique, » aux sénateurs : « Je vous envoie la tête d'Albinus, pour que vous sachiez que je suis irrité contre vous. » Comme Trajan : « L'empire n'a point pour limite un fleuve, mais la justice. » Tout devenait sujet de culture, l'esprit comme la terre.

---

(1) Duruy : *Histoire des Romains.*
(2) Tacite. Ann. VI. 20.
(3) Am. Thierry : *Histoire de la Gaule.*

L'agriculture sera de tous les temps, de tous les pays. L'art et la religion qui avaient un rôle constant et sympathique venaient des Grecs ; mais le militarisme, bonne tendance qu'on devrait adopter, servait l'administration dans les colonies foncièrement romaines ; il entretenait les voies qui sillonnaient le monde (1). Seulement, la cité-mère, pour commander à tout, *urbi et orbi*, périt par l'excès sans bornes, et quand la république constitue la permanence des distributions de blé, l'armée était le peuple entier.

La colonie se distingue toujours du municipe. Le colon (souvent de primitive race) se comporte à l'étranger, en s'isolant, à la façon d'un insulaire.

Cet échafaudage, conséquence du militarisme *(instrumentum regni)* (2), a une durée limitée. En y réfléchissant un peu, on est convaincu que tout homme intelligent et expert faisait un général ; aujourd'hui, il faut du génie et des connaissances spéciales. On accuse J. César de vouloir devenir *ïmperator*, empereur et roi. « César n'a pas voulu être roi, parce qu'il n'a pas pu le vouloir (3). » On oublie que Sylla, Pompée, Plancus, Metellus, Scipion inscrivirent le mot sur les monnaies ; que les trois premiers indiquèrent combien de fois ils avaient eu le titre ; que les funérailles de Sylla s'étaient étalées avec la pompe impériale. Ce qui est à peine le chemin au césarisme tempéré ou même tolérant ; mais l'esprit de parti est si niais.

---

(1) Etude de ces voies, par le comte Guillaume de WURTEMBERG.

(2) Tacite.

(3) Napoléon à Marchand.

Dans ce dernier siècle de guerres civiles, de triumvirats ambitieux, en un mot, d'expédients politiques, chaque dominateur voulant *jouer un rôle*, s'attribuait une part de divinité. Auguste, d'après les inscriptions lapidaires, est déjà nommé *Divi Filius*, et, au rapport de Suétone, il aurait demandé sur son lit de mort : « *Nunquid vitæ mimum commodi peregisset ?* »

L'empire romain est accusé de batailler (1); ne l'eût-il pas fait, la barbarie qui s'imposait comme une nécessité ethnique du temps, l'aurait étouffé, frappé de mort subite plutôt que d'anémie? A cet effet, on voit deux empereurs à la fois, puis quatre empereurs se partager ce monde de luttes acharnées : tout cela pour un peu de grandeur, sans profit. Hélas! la tyrannie n'est pas un remède (2). Dioclétien applique le maximum, tout comme Robespierre : deux oppresseurs, — même contrée opprimée, Gaule et France.

La séparation d'empire d'Occident et d'Orient était préparée par les résidences de Constantin en Gaule, et de Galère à Nicomédie. — Plus tard, le fait est consommé, assez pour expliquer le romanisme empreint d'asiatisme. Pourtant, la société aux Ve et VIe siècles avait encore en première ligne, la noblesse impériale, participant aux grands offices. Malgré la division des familles, preuve du sentiment aristocratique, la *gens*, la race, conservait la prépondérance. Après, venait la noblesse municipale, formée de l'ordre des décurions et des magistrats curiaux ; lien entre les hauts dignitaires et la popu-

---

(1) Polybe, Tite-Live, Bossuet.

(2) WADDINGTON : *Édit de Dioclétien.*

lation libre des villes embrassant toutes les classes industrielles
et laborieuses. En dehors de celles-là, les esclaves, les colons,
les clients.

La politique joue donc le rôle éminent (1), à ce point qu'on
constate le peuple des Quirites un peu partout ; à certain moment, sur les limites des trois continents méditerranéens. Ainsi,
en Arabie, à Petra, après l'isthme, on a trouvé des routes, des
temples ; à Gadamès, la *Cidamus* de Pline (2), une inscription
même. Comme en Afrique, le séjour est prolongé et
fécond! Plusieurs villes offrent encore des vestiges titanesques,
arcs, trophées, amphithéâtres, aqueducs, base de noble
existence aux arides plaines. Remarquez les sites en Tri-
politaine ; en Tunisie, Soussa, Gabès, l'immense Colyseum
de Thysdrus à El-Djem, les arcs de Zana, ancienne Diana ;
le bas-relief, marbre blanc, du musée de Cherchell, *Cæsarea :*
Combattant à cheval et une inscription au-dessus ; le tombeau
des affranchis de Juba, dont le buste (3) porte un ruban-cein-
ture autour de la tête, imité par les Maures actuels ; et en Nu-
midie, Announah, au culte phallique, le mausolée Flavien (4),
Lambœse, Theveste, les ruines « agréables à voir », à cent
kilomètres de distance, et celles que la renommée indique plus
loin. La province de Constantine se montre telle qu'on pourrait l'appeler *Provincia* de l'Afrique. Les pierres milliaires
entre Cirta, Sitifis, Batena sont retrouvées.

(1) DOMENGET : *Etude sur le Sénat romain.*
(2) Utilité de Pline l'Ancien et de Pausanias pour les études archéologiques.
(3) Au musée algérien du Louvre.
(4) Restauré par le colonel Carbuccia.

Un recueil détaillé de l'archéologie romaine, surtout à travers les nations de race latine, Italie, Hispanie, y compris les deux Provinces qui servent de trait-d'union, exigerait un travail au dessus des forces ordinaires. A côté des monuments superbes, quelquefois d'un goût discutable, temples, thermes, aqueducs, arcs triomphaux, cirques, mausolées, dont le nombre fut prodigieux, on serait amené à louer les efforts constants de la vie pratique, le beau langage, la recherche du style et par dessus tout la législation.

Le droit romain, inapplicable aux sociétés modernes, s'impose à nos investigations et sert de base méthodique à toute législation progressive. En un mot, si l'histoire et la littérature valent la peine d'être présentées à la mémoire des jeunes générations, la même utilité s'attache nécessairement à la connaissance du droit romain.

C'est chose évidente que plusieurs grands événements de la vie intérieure ou extérieure de Rome, par exemple les longues luttes entre patriciens et plébéiens, les guerres serviles, la guerre sociale, ne s'expliquent sérieusement que par des causes tirées de la nature de ses institutions juridiques (2).

D'après toutes ces appréciations, le rôle de Rome, pour être moindre dans la Méditerranée que celui de l'Égypte, de l'Asie pélasgique, n'en représente pas moins une vive tendance,

---

(1) Palais de Dioclétien, en Dalmatie, remarquable autant que le Panthéon de Rome. — *Ruins of the palace of the emperor Diocletian at Spalato in Dalmatia*, by ADAMS. London, 1767.

(2) Accarias.

capable de fonder un vaste état moral, dont les traces sont loin d'être effacées.

Il est manifeste, en conséquence, que la Méditerranée est un monde. — Nul ne sait l'avenir !

GRANDE GRÈCE.

~~~~~~~~

L A Grande Grèce se dévoile à nous dans ses moindres détails, par la découverte de Pompéi, dont les fouilles sont, depuis quelques années, si actives, si intelligentes. Comment expliquer cette dénomination de *Magna Græcia*, en dehors de l'isthme corinthien, du Péloponèse visageant l'*Asia minor*, point de départ hellène, si ce n'est que les colonies méridionales de la presqu'île latine semblent ne plus être contenues, ne plus connaître de bornes. La Sicile, la moitié de ce territoire, se signale par une valeur historique presque égale à celle de la Grèce, en ce sens qu'elle figure le théâtre des premiers exploits. Les demi-dieux s'illustrèrent chez elle et Hercule eut à combattre ses géants tout comme les centaures de la Thessalie. — Nulle dénomination moderne plus rationnelle que celle des *Deux-Siciles*.

Le goût général et le caractère linguistique s'en ressentent.

Exemple : les consonnances *ou* répétées et accompagnées des *r* dans

Brutium	*Barium*
Brundusium	*Vultur*
Hydrunte	*Pœstum*

sur les rives de la mer Ionienne ; car l'Ionie et l'Étrurie sont dans la parenté de Rome. Ainsi : rive gauche du Tibre, Gabies (1) (peut-être de Gabès), Prœneste sont villes élégantes, régulières, gréco-latines ; rive droite étrusque, Volterra, Vulci, Veïes, Cœré sont religieuses, irrégulières, gall-celtiques. — L'*u* romain se prononçait *ou* ; cependant, il est probable que, dans certains cas, il s'adoucissait en *eu* et même en *u*, comme dans plusieurs désinences en *us*. Quelle sensible différence devait apporter dans le langage latin la lettre *u* prononcée *ou* !

Ecouter les Italiens et les Espagnols qui ont des intonations variées sur cette lettre, et très-instructives. Quelquefois la voyelle est précédée d'un *o* ; alors, il n'y a nul équivoque, et plus, il faut exagérer le son *ou*.

Tout cela laisse un peu entrevoir cette contrée où dominent la noblesse des conceptions, l'amour des formes ; sa mollesse s'appliquait surtout à la luxure féminine et à la mode. Si nous avions le temps, ou mieux la possibilité d'entrer dans chacune des villes déjà florissantes à la naissance de Rome, nous succomberions au vertige, aux séductions de l'art exalté de Neapolis à l'ancien temple d'Agrigentum.

---

(1) Comme celle où l'on importa la fameuse Diane, ornement reproduit et réduit pour nos habitations ; il y avait aussi Gabies, près Naples.

Cumes est, sur un territoire restreint, le meilleur exemple de la succession gréco-latine. Toutes ses poteries ont un galbe excellent (1). Non loin de Nola, elle avait créé le vase campanien, archaïque en principe avec personnages aux membres grêles, très mouvementés; enfin, correct, académique, aux mille tournures, jusqu'à la pointue, *vas futile*, d'où *homo futilis*. On le reconnaît au ton noir bistré ou rouge, caractère évident des fabriques de la Campanie, ne cédant une part d'originalité qu'au temps des Césars qui se borne à perfectionner un art industriel devenu latin, en abandonnant le style archaïque italo-grec. Il en est de même des médailles qui rappellent, pour la composition et la fleur du coin, les médailles de l'Asie archipélasgique (2).

On est frappé de la vie ordinaire, toujours de la vie intellectuelle.

Les monuments (3) et les ornements, surtout la peinture, prouvent, une fois de plus, le continuel rapport métaphysique et ouvragé avec la Grèce. L'art suit la mythologie et l'imitation fonde le genre noble, avec un tel accent de vérité que, dans certaines provinces, des monuments qui nous paraissent de pur style grec, appartiennent à l'ère des Scipions, même d'Auguste. Les fresques coloriées peuvent être italiques; mais le sujet, soit

---

(1) Fiorelli : *Notizia dei vasi rinvenuti à Cuma nel* 1856; Heydemann : *Griechische Vasenbüder.* Berlin, 1870.

(2) Aug. Racine : *Catalogue des monnaies consulaires, impériales et byzantines.*

(3) *Monumenti per servire alla storia degli antichi popoli Italiani.*

héros, soit événement, est grec (1), comme dans les œuvres
de Papirius Vitalis et de Pythagore de Rhegium.

La renaissance imagée et la passion des galeries s'étaient
montrées, lors de la prise de Syracuse par Marcellus et de
Corinthe par Mummius. A part les imagiers ou les décorateurs
muraux, les peintres, sous Auguste, étaient grecs. L'abus de
l'ouvrage prétentieux en ornements, l'orgueil des collections
s'exaltait au point de soulever la colère de Cicéron, qui maltraite
les collectionneurs. La caricature, toujours grotesque, est de
mise pour flageller. Une épigramme dit : « πρὸς λύραν εστιν όνος :
un âne devant une lyre. » Pline, Sénèque, Lucien se bornent à
déplorer mélancoliquement cette passion. L'antiquité finissait,
comme l'ère actuelle, par l'abus.

La vulgarité simple, simulant l'archaïsme, ne prouve pas
l'ancienneté. Tenir compte des époques basses, et même aux
époques de style et de goût, de l'objet vulgaire et à bon marché ;
fait qui s'est produit de notre temps par le *santon* ou l'*ex-voto*.

Pour revenir à notre rapprochement entre l'Asie et le Gréco-
Latium, beaucoup de pièces que nous croyons grecques ont été
fabriquées dans la Basse-Italie.

L'art, pour avoir émigré de l'Archipel aux rives de la
Trinacri-Campanie, s'était peu modifié. Cumes et Syracuse ne
présentent pas de différences sensibles avec Cymé d'Asie,
Éphèse, Samos et autres lieux renommés. Il importe seulement
de fixer les dates.

De Romulus à Auguste, l'hellénisme est partout sur la côte

---

(1) ZAHN : *Ornements et tableaux de Pompéi.*

Sicule; tant que le souffle grec subsiste, le goût se maintient. Après les Antonins, il tombe dans une extrême pauvreté; et, s'il est plus vraiment romain, il se corrompt au point de disparaître; ce que démontrent les fouilles opérées avec succès, il y a trente ans. Le latinisme envahit les règnes postérieurs et Septime-Sévère est finalement marqué au coin de la corruption; déjà, sous Domitien, la décadence était telle qu'on n'avait su continuer des colonnes commencées en Grèce. Quelques savants ont prétendu que la pensée gallo-grecque avait défiguré le vrai beau, qu'elle avait agi comme la gallo-romaine agréable, tout en étant hostile à la ligne pure. Je crois que la dégradation émane uniquement de l'oubli successif de l'hellénisme.

Les types sont propres à chaque série des empereurs. La première conserve l'empreinte grecque; la seconde est philosophique, variée; la troisième figure avec les membres lourds, le cou ramassé, le cerveau bas (1); la quatrième a horreur du naturalisme au point de tomber dans l'imbécilité (2). Remarquez cette particularité, que le style grec eut le mérite de se maintenir, tandis que le latin passa de l'apogée à une décadence rapide, honteuse terminaison d'une grandeur incontestée.

Le secret de cette différence a été révélé par tous les écrivains qui daignent peser la valeur des causes. L'honnête Montesquieu s'exprime très nettement au chapitre X de la *Grandeur et Décadence* :

« Les citoyens romains regardaient le commerce et les arts

---

(1) Maximien I et II.

(2) Les Valentinien.

comme des occupations d'esclaves ; ils ne les exerçaient point. S'il y eut quelques exceptions, ce ne fut que de la part de quelques affranchis qui continuaient leur première industrie ; mais, en général, ils ne connaissaient que l'art de la guerre qui était la seule voie pour aller aux magistratures et aux honneurs. Cicéron en donne les raisons dans ses *Offices*, L. 1, ch. 42. »

La valeur héroïque serait-elle un obstacle aux exquises finesses de la sensibilité ?

POMPÉI.

~~~~~~~

UIVONS cette côte, autrefois pensante (aujourd'hui aride, si ce n'est aux oasis de l'oranger), si agitée en Lucanie, chez les Thuriens, et ces Éléates où se mêlèrent les Phocéens fugitifs.

La contrée peuplée d'Orientaux amollis, puis d'après une assertion de Nissen (1), d'Athéniens (443 av. J.-C.), est dans le voisinage, non loin des rives azurées, au pied d'un Vésuve. Nulle ville plus complète en curiosités que Pompéi, alors que Stabies et Herculanum, villes incinérées, ne révèlent que les plus ingénieuses peintures. On parlera longtemps de Pompéi, comme d'une surprise, d'un mystère dévoilé, spectre de douze mille âmes revenant à la vie. — Molle situation, existence à la fois sensuelle et robuste. A part quelques maisons, on n'y découvre

_____

(1) *Das Templum* (Berlin. 1869).

que des cases, au lieu que la puissante *Roma* avait des édifices pesants, césariens (1), de vastes et hautes demeures disséminées sur un ensemble de bois, de boue, de briques. Pompéi, colonie de villégiature, bien qu'elle révèle des habitudes aisées, les a mesquines; les boutiques ou tavernes n'y ont guère plus de dix mètres de superficie, assez pour se rencontrer, comme dans la *tonstrine*, boutique du barbier où se forgent les nouvelles; assez pour débiter le *pomphampaccami*, drogue du pharmacien empirique; au·dehors, on étalait certaines marchandises, poissons, volailles, etc.

Pour y voir clair, il faut parcourir les lieux et étudier le livre si bien rédigé et édité *(Gli scavi di Pompei)* du sénateur Fiorelli, intendant-général du musée de Naples.

Une fois sur le terrain des fouilles, l'observation et l'étude conduisent à l'appréciation vraie entre les choses usuelles et les symboliques ornements, impassibles témoins de l'antiquité. Pourtant, ce qui est d'un service ordinaire n'apparaît jamais *constamment* et *diversement*, à ce point qu'il faut croire les anciens en possession d'un nombre restreint de meubles propres aux besoins quotidiens. — On se contentait de peu (2).

Les soulèvements du sol ont quelquefois expliqué la vie commune. Que de mystères dévoilés par le spectacle du musée royal de Naples! Au *British Museum*, la collection Witt, sans indiquer la provenance, révèle le bain des Romains, avec fourneau calorifère, divers appareils et accessoires, tels que stri-

---

(1) Vitruve.

(2) BECKMAN : *Hist. of inventions.*

giles, souliers ou sandales de cuir découpé à jour, avec clous sous la semelle, vase à huile parfumée, patère de verre et préféricule. Au moyen de ce dernier, utile et gracieux, on verse de haut dans un réservoir l'eau embaumée. — La manière de verser, en tenant ce pot à eau de la façon la plus élégante, semble tout un système en faveur de la plus simple action de la vie ; mais si l'antiquité, contrairement à nos visées, craint de vulgariser les moindres actions, il n'en est pas de même des choses domestiques qu'elle emploie le plus couramment.

Les Italiens nomment *mitiche* tous bronzes et terres cuites représentant les dieux, les héros de petite taille, pouvant être enfermés aux maisons. Les objets appelés *monumenti*, sont des Lares à Pompéi, destinés au laraire, *lararium*. Celui-ci, en forme de niche, est le lieu du respect, de la croyance, de la protection : à sa base, les pièces sur pied, sur socle ; au fond, les objets bâtis comme des masques, des têtes ou bustes dont le derrière, encore visiblement, est aplati ; au sommet, pendent, soutenus par des fils ou crocs, des plats, des patères, des oiseaux de métal percé, des anneaux, etc.

La vie citadine se manifeste par les édifices ordinaires de toute agglomération ; plusieurs sont encore désignés *nomi imposti alle case :* DOMUS OCTAVI PRIMI et autres ; TABERNA Q. SALLUSTI ; OFFICINA TIVI FIRMI ; HOSPITIUM SITII.—Les plaisanteries abondent en caricatures (1), en jeux de mots ; ainsi, un cachet gravé Ani MO, aurait appartenu à un Anicetus Modestus.

---

(1) Champfleury : *Hist. de la Caricature antique.*

Les meubles et les ustensiles, l'appartement et la cuisine, tout l'appareil du logis, sont les *supellettili ed ustensili*. Quant aux débris des consommations abandonnées, pains, légumes, fruits secs, ils sont nommés *avanzi organici*.

L'attention se porte volontiers sur le dessin, le galbe, plus encore sur la fresque. La blancheur, dit Cicéron, dominait la mode ; en réalité et en peinture surtout chez la femme nue ; c'est que la nudité abhorrée des Persans, des Arabes, était tolérée aux Etrusques, aux Egyptiens, en faveur chez tous les imprégnés du souffle grec. On regrette l'absence du raccourci, de cette ingéniosité, à la fois un mérite de la Renaissance et une lutte d'émulation poussée à l'excès par les vigoureux Florentins. Cependant, on croit le constater primitivement dans la « Bataille d'Issus, » puis dans le tableau où Agamemnon donne, en s'inclinant, le bras à Chryséis au moment où elle s'embarque. La nature du sujet aurait-elle amené cette exception ?

Les peintures extérieures à *l'encaustique* se font avec des couleurs détrempées dans de l'eau ; ensuite, usant du pinceau, on applique au dessus une couche de cire punique, liquéfiée au feu et mêlée d'un peu d'huile ; puis, on chauffe la muraille avec un réchaud, afin d'égaliser parfaitement l'enduit, et on le polit en le frottant avec un bâton de cire et un linge, pour faire disparaître l'embu et raviver les couleurs en leur donnant du brillant. Il y a un autre genre d'encaustique, qui consiste à peindre avec la cire, même colorée et chaude. Ce dernier procédé est celui qu'on emploie pour les tableaux proprement dits, qu'on recouvre d'un enduit bleu, sur lequel l'artiste esquisse ses figures avec un crayon blanc. L'ivoire et le buis sont aussi des matières à tableaux, mais pour ceux de petites proportions et qui se font d'une manière différente : au lieu de tracer le dessin sur la tablette, on le grave avec un poinçon, et, dans les sillons, on incruste une couleur non mélangée de cire. On nomme *graphique* ce genre de peinture, parce qu'il ressemble un peu à l'écriture tracée sur une tablette de cire (1).

La peinture polychrome, connue de toute antiquité, montre des couleurs dont les significations dérogent peu chez les divers peuples. Ainsi, le rouge est la couleur consacrée aux dieux païens, et les Indiens peignaient leurs idoles en rouge.

Tous les tableaux sont peints avec quatre couleurs seulement : le *melinum* ou le blanc, l'*ocre attique* ou le jaune, le *sinope pontique* ou le rouge et l'*atrament* ou le noir ; ces quatre couleurs nuancées dans mille tons différents. La cire est la matière qui sert à les délayer, on les broie avec elle dans l'*officine*, après l'avoir fait fondre sur le feu. Les couleurs réparties dans une *concha*, grande tablette de marbre où sont creusées une multitude de petites coupes, s'emploient à l'état de fusion. Le tableau est dressé, à portée, dans une position presque verticale, sur un grand châssis de bois, triangulaire, qu'on appelle une *machine*.

Les travaux d'adresse et d'imagination, généralement confiés aux ouvriers grecs, ne constituaient pas seulement des peintres (εγραψεν), mais des sculpteurs (εποιησεν). Un Zénon avait sculpté la belle statue de Trajan : *Zenon attin.* Αφροδισιευς εποιει, Zénon,

---

(1) Pline, Dezobry, Mazois, Daremberg et Saglio.

fils d'Athis d'Aphrodisium, auteur. — Le nom d'auteur, toujours rare, étant une marque d'ancienneté, comme dans le *Gladiateur Borghèse*, signé *Agasias, fils de Dositée*.

L'art n'est-il pas le produit de l'imagination et la conséquence des mathématiques? A-t-on trouvé une colonne de plus que les Grecs, un cintre de plus que les Romains? C'est surtout à certains moments de l'histoire que le vrai s'épanouit; car l'histoire a des aspérités comparables à celles des montagnes présentant, sur la même chaîne, des crétes inégales, au milieu desquelles, une, la plus élevée, domine les autres. Le règne d'Auguste apparaît comme une éminence, et la supérieure. Au monde grec, Alexandre a beaucoup résumé de haut; au monde moderne, en ne considérant que le pouvoir personnel, Charlemagne, Charles-Quint et Napoléon ont aussi paru dans les hauteurs. Je ne crois pas que l'*altitude* d'Auguste, avec son gouvernement représentatif en Gaule, ait été dépassée. De tous côtés, le monde grandit ou paraît grand; et c'est au même moment que le Sauveur perce la nue. Ce règne fut l'utile épreuve des mœurs.

Il y a plus qu'une vaste impulsion morale, il y a des découvertes et des efforts vers l'industrie qui fournit à l'esprit des moyens qu'il ignorait. Alors même que le gouvernement faiblit, la fabrication se perfectionne, comme dans l'application de la verrerie ou la substitution des miroirs étamés et ceux de bronze poli, découverte et progrès remontant du vieux Brindes à notre Venise du XVIIe siècle, sur cette Adriatique, constant miroir de l'Orient. Au début, la verrerie est simple, rare et coûteuse, puisque Néron aurait payé deux petites coupes, six mille sesterces ; au troisième siècle, elle nous laisse un chef-d'œuvre sans pareil, la flasque bleue d'Alexandre-Sévère, avec personnages émaillés en blanc ; puis, une sorte de vasque à deux couleurs avec l'inscription *Maximin-Hercule*, relique brisée au dernier siége de Strasbourg.

L'industrie s'élèvera au dessus de la politique, ce qui n'empêche pas la politique de secourir toute chose et l'industrie.

Dans la céramique, l'ornement se résume en cercles concentriques combinés avec les hachures qui viennent ou semblent venir des Cypro-Phéniciens, entremetteurs des Indo-Asiatiques. — Les cercles y définissent les centres lumineux du soleil, d'où s'échappent les rayures, les rayons. La cannelure a été reproduite avec passion par le flux roman, gothique-saxon, celle que nous observons sur le plein cintre northman. — Origine latine de cet ornement si élégamment usité, dans le vase ou ses variantes aplaties.

Les premiers peuples se seraient ainsi exercés machinalement sans chercher le vase, qui peut s'entendre en toreutique, de l'objet, et, en terme générique, de *toutes les formes* qui ont subi le tour. Aussi, que de tournures réalisées (1) ! Les hommes, dans leur ingéniosité, ont vu de suite ces combinaisons et les ont appliquées avec succès. Le monde passé a trouvé tant de formes heureuses, qu'il semble impossible d'obtenir une nouveauté. Il y aurait un livre précieux sur la contexture céramique chez tous les peuples, et sur les avantages que l'infinie variété a

---

(1) Ancienne collection Hamilton.

apportés à la cause esthétique des anciens. On compte près de quatre-vingt mille vases collectionnés (1).

Le galbe, issu de la forme, est ce que tout le monde croit, ce que l'ouvrier peut le mieux savoir : le mouvement traduit avec des délicatesses infinies. Un rien y est une énormité en bien ou en mal. Il y eut, en ce sens, comme une période grecque avant l'Empire, une période latine correcte d'Auguste à Constantin ; après celui-ci, un genre nouveau avec lignes et figures nouvelles, influencé par le Christ ou par l'Église.

L'imitation, la contrefaçon de l'antique a toujours été difficile, plus difficile que celle des tableaux peints, à laquelle on se livre assez habilement. Le bronze antique a une patine inimitable ; et la terre cuite, une légère morbidesse que la fabrication trompeuse n'obtient pas.—Voyez le mauvais ton de l'imitation dans les vases actuels, malgré l'adresse des potiers de Naples. Un signor Delvecchi (1820) avait réussi à trouver le ton approchant ; il fut plus remarquable par la création d'un four qui cuisait les pièces énormes, copies grossies des vrais gréco-campaniens.

Les ouvriers avaient des dessins qui se vulgarisaient comme ceux de l'Europe moderne. De notre temps, la même personne est fatalement condamnée à la même pose : on représentera Napoléon, les mains derrière le dos, en contemplant les lignes armées ; Voltaire s'appuie sur la canne, en relevant la tête au sourire moqueur ; ainsi, dans une plaquette de ma collection,

(1) BRONGNIART : *Traité des arts céramiques.*

je trouve une femme assise, jouant de la double flûte *(tibicina)*, pareille à une peinture tirée d'Herculanum et d'ailleurs (1).

La colonne joue avec l'arc de triomphe un rôle significatif; un des types nobles et gracieux du trophée. Tous les empereurs s'y sont adonnés. — Colonnes Trajane et Antonine, si riches en données historiques. La littérature, une des gloires du monde latin, nous est assez exactement parvenue, bien que toute édition des classiques ranime des regrets (2), qu'Atticus, l'éditeur de Cicéron, s'il vivait, partagerait avec nous. — Manuscrits anciens du Virgile et du Térence, sous Constantin, aux bibliothèques de Florence et du Vatican. En même temps, le christianisme, se sentant assez fort, commence à briser les statues des dieux; le naturel décline, remplacé par l'art sentimental, dont les bords méditerranéens donnent les plus nombreux, les plus originaux modèles. Sous le même Constantin, Theodora recommande, toutefois, le respect des belles statues, et les fait porter à Constantinople.

Soixante ans après que Byzance fut le siége de l'empire, Athènes et Rome sont ruinées. — Au siége du Château-Saint-Ange *(Moles Adriani)* par Theodatus et Vitigès, son général, les Romains, sous Justinien en 537, se défendent avec les statues du haut des murailles. En 663, l'empereur Constant II, petit-fils d'Héraclius, met la dernière main au pillage en emportant, à Syracuse, où il établit sa cour provisoirement, les plaques d'airain qui couvraient le Panthéon. Au XI° siècle, Constantinople

(1) FRŒHNER : *Anatomie des vases antiques.*

(2) Pancoucke.

possédait la *Pallas*, par Scyllis et Dipœné, époque de Cyrus ; le *Jupiter Olympien*, de Phidias, la *Vénus de Cnide*, par Praxitèle, deux marbres par Lysippe ; au XIIIᵉ, sous Baudoin, tout fut anéanti.

Grandeur et décadence chez les Grecs et les Romains, au milieu de ceux qui avaient politiquement confondu les deux termes de toute civilisation, la grâce et la charité (Χαρις, *Caritas*) (1) !

---

(1) Gruter, Caylus, Montfaucon, Barthélemy, Millin.

DES ETRUSQUES.

~~~~~~~~~~

ERTAINS peuples sont à base simple, formés de primitifs, soit homogènes, soit alliés à des voisins; d'autres, au contraire, ne sont que le produit des premiers venus et de quelques exotiques attirés de loin, de très-loin. — Tels les Etrusques, que les historiens sérieux se plaisent, avec raison, à pénétrer. Leurs aborigènes ressemblent, dans la nuit des temps, aux peuples innommés, établis sans que l'histoire puisse, à défaut de l'archéologie, déterminer leur existence. Et, j'aime à le dire, une fois initié à leur mystérieuse existence, on ne finirait plus. Petit monde vivant, nullement comparable, à la Phénicie seule, et encore ! Toutefois, s'il est une famille à laquelle on doive, plus qu'à toute autre, attribuer l'influx asiatique, c'est bien celle dont l'antiquité découvre une bonne part de l'histoire ancienne ; manifestant le champ de rencontre de la marche celte et de l'invasion galloise ; exemple

significatif, fortifiant la thèse de l'originalité des deux ères dis-
tinctes (1). Pour cette raison, les vrais érudits auront le devoir
de respecter l'intégrité de l'*Asia major* et de l'*Asia minor*, comme
méthode sûre dans l'exégèse des aggrégations européanes, surtout de l'Italie qui n'est qu'une Pélasgie dérivée. La lumière
perce, dès qu'on s'ingénie à rapprocher les noms des générateurs indianites connus tels qu'ils figurent au poème précité (2),
avec ceux des premiers colons pénétrant dans la presqu'île.

La venue se serait effectuée par les rivages italo-africains,
peu avant que les Primo-Galls eurent envahi la plaine lombarde.
D'après certains savants, les semi-primitifs peuplant la Haute-
Italie descendraient des régions Pontiques ; les Galls Cisalpins
seraient alliés aux Ombro-Tusco-Liges. — Rencontre ou mélange qui aurait engendré les Ligures, dont le principe saillant
appartient soit à la région Lige (Cappadoce présumée), soit à
la Libyenne : ce que la multiplicité des dialectes ne tend pas à
éclaircir. On assure que la branche aînée principale (Ligousiens)
a longé les rivages de l'Ombrie et la Dalmatie *(superum mare)*,
alors qu'une branche secondaire (Libyciens) émigrée en Sicile
aurait côtoyé la rive Tusque *(inferum mare)*, opérant leur
fusion, en suivant les nombreux cours d'eau qui découlent des
versants opposés des Alpes Pennines. Quoi qu'il en soit, cette
question, dont l'importance se passe de commentaires, me paraît
encore obscure et la plus ardue en archéologie (3).

---

(1) V. Ch. Ère celtique et galloise.

(2) V. Pentathouri et page 108 au chap. Grèce.

(3) On assure que le prétentieux Claude avait étudié les annales étrusques.

Quant à la tribu des Rases, au langage bizarre (1), ce puissant rameau de l'arbre étrusque est de la famille indo-euro-péane. Rasènes par l'Adriatique (monde Germano-Gall) et Pélasges Tyrréniens venus de Lydie, de Phrygie, débarquant sur la côte occidentale d'Italie; ces peuples mixtes concentrent la civilisation entre Tarquinies et Veïes et l'étendent au reste de la contrée qui tire son caractère spécial d'une éducation religieuse dont le centre est Cœré; puis du trafic par mer, entre son port principal, Populonia et Cymè, la vieille cité grecque de la Campanie. Nation combinée, puis fédérée, il faut considérer l'Étrurie comme le produit de ses aborigènes littoraux et des ingénieux Phéniciens; si bien que ses habitants, éminemment marins dans le principe, passent pour avoir découvert *Nethuns*, Neptunus, dont les Neptunalia avaient lieu le 23 juillet et s'annonçaient aux fidèles *ex cathedrâ*, comme les fêtes de notre calendrier, au village.

L'Étrurie, formée en principe d'Indo-Celt-Phéniciens, a manifesté plusieurs caractères approchant de ses congénères devanciers; mais elle doit son entité organisée à la venue des Gall-Pélasgiques. Ainsi, les Amhra (hombres), vieux Galls, fondent l'Ombrie quand, deux siècles plus tard, Bellovèse paraît en Piémont. — Città d'Umbria, près Plaisance, supposée galloise ou ligurienne.

On a beaucoup commenté l'étymologie d'un nom si digne des patientes études (2). D'après une opinion, peut-être risquée

___

(1) *Revue Archéologique*, 1858.

(2) FOERSTEMANN : *Dictionnaire des noms de lieux.*

et qui n'a pas encore prévalu (1), il ressortirait que la contrée
s'est formée à travers *Our* et *Aria*, qu'elle est dans l'onomas-
tique géographique un produit hybride, E-tr-ur-*aria*, première tournure d'Asia (Chaldée asiatique). Selon les uns, les
E-tr-ousques seraient de formation oulsque (*Vulci*, Volsques);
selon d'autres, ils tireraient leur nom de τυρσεις, à cause des tours
qu'ils bâtissaient, eux gens des plaines, entre le Tibre, l'Arno,
et l'Eridan, les mêmes qui élèvent, au Moyen-Age, les vigies,
campanile, beffroi, sortes de tours, comme les voisines lom-
bardes encore debout. Il est d'ailleurs permis de varier d'opinion sur toutes ces conjectures; les raisons qu'on donnerait avec
assurance seraient rarement victorieuses.

Ces Thyrréniens, venus de la contrée où Tyr s'élèvera,
marquent leur origine phénique, alliage exceptionnel de Ar et
de Tûr qui explique tant de bizarreries constatées en archéologie. Leur langue a des similitudes avec le fonds sarde (île de
Sardaigne), où l'*a* et l'*u* sont abusivement prononcés; et il est
avéré qu'une section des émigrants procédait de Sardes, centre
lydien, carien (2). Ils revêtaient la robe imitée des prêtres
persans et le bonnet de Phrygie; leur religion du bon et du mauvais génie simule celle de la Perse; leur culte orgiastique de
Cybèle donne lieu à des superstitions, même aux premières
lueurs du christianisme.

Les types archaïques que nous retrouvons analogues aux
types du XVe siècle en Toscane, montrent la diversité des

(1) James TAYLOR : *Etruscan researches*. London.
(2) Beulé.

provenances, se heurtant sur un sol digne d'être le champ de mariage des Pélasges et des Galls. A cette fin, les Etrusques (1), dans l'art surtout, devinrent progressivement Gallo-Grecs ; ensuite, leurs voisins, nos voisins les Ligures provinciaux, des Gallo-Romains aux prises avec ces derniers. Il est rare qu'en Europe, sous la dénomination phéni-latine, on ne trouve pas le radical indo-celtique, rapprochement facilité par la précieuse philologie (2) ; bien des causes révèlent l'embryon asi ou ari-indianite : les mœurs, les traits, le langage (3). La multiplicité des sons *a*, dans les émissions phoniques, dénote l'origine hindoue (tamoul, sanscrit), où cette lettre revient sans cesse. — Considérer la fréquence du préfixe dans Ar-ar, Tar-tar (Aruns, Tarquinius, Tarchnas) ; et par extension, Tarente, Tarracine, Taragon, Tarascon, Tarare, Tarâne, etc. — Consulter la *Grammaire Védique.*

Qui prouverait la parenté phéni-orientale mieux que les noms empruntés pour la plupart aux héros, avec tous les modes phonétiques de l'Asie centrale et littorale? J'en cite une série pour l'agrément des historiens studieux ou des amateurs de linguistique : « Thalna, Aran ou Laran (Mars), Thanr, Sipna, Achvizr, Areatha (Aréthuse), Phuphluns, Usil, Teuthras, Aivas, Lasa (Fatum), Phulnice et Eftucle (Polynice et Etéocle), Munthuch, Hinthiach, Talmithe (Palamèdes),

---

(1) Noël des Vergers explique les étymologies, les races, les guerres, les beaux-arts.

(2) *Revue de Philologie.*

(3) Alp-nu, Ari-adné, Semla ; tant d'autres, page 175.

Clutmsta et Uthste (Clytemnestre et Ulysse), Ectur et Aisa (Hector et Ajax), les Cabires Maristiusta, Marishalna, Marishusrnana, Marisisminthiaus ; Amatutuni, Chaluchasu, Panrpa, Menlé (Ménélas), Kasutru et Pulutuke (Castor et Pollux) ; enfin, Mithancfiulsphulnial. »

POLITIQUE.

UTRE l'avidité de connaître l'inconnu, il faut avoir le soin de relier les diverses générations depuis les origines, dans leurs mœurs, leurs idées, leurs productions matérielles et intellectuelles. L'instruction classique manque trop souvent des données que fournissent l'observation et la réflexion associées : attribut propre à l'archéologie, non celle des choses probables, mais celle de toutes les vérités que l'œil et le jugement exercés ont amenées. L'ethnologie présente cette particularité que les fondateurs ne sont plus au chef-lieu, au centre récemment habité ; c'est le fait de Rome d'où, en observant la contrée italique, on remarque les premières assises jetées au sud et au nord. L'Étrurie, comme Rome, était venue se placer au milieu de ses créateurs.

Le rôle politique de l'Étrurie devenait important sous la monarchie, de Numa aux Tarquins ; et, relativement moindre sous la république, reprenait sa prépondérance pendant les quatre siècles de l'empire. Alors, en Tuscie impériale, renaissaient les municipes, traqués seulement par le débordement ultérieur des masses et l'irréligion ou excès du luxuriant naturalisme. L'influence sur Rome serait donc manifeste ; aurait-elle été constante (1)?

L'histoire de Rome est en partie étrusque, en partie grecque ; après Auguste, le caractère, résultat de la fusion, se montre uniquement italique.

L'influence, excepté dans la vie militaire, vient de la région Pennine. Numa, quoique Sabin, avait été introduit avec le cérémonial étrusque. D'ailleurs, le roi, c'est le prêtre rendant hommage à Tagès (sorte de Jupiter), à Herklé (Hercule) ; à Menerfa (Minerve), à Tûran (Vénus, déesse des Tyrrhéniens). Ne serait-elle pas, celle-ci, imprégnée de tourânien, au moins pour ceux qui admettent ce principe comme une épave fortuitement transplantée?

Sous Servius, l'organisation a lieu par douze, nombre correspondant aux lucumonies. Aux écoles d'Étrurie, se rendent les jeunes patriciens. — L'aigle, la chaise d'ivoire, le culte des statuettes, les bulles, les toges, le quadrige sont empruntés à cette terre originale. La Toscane actuelle, de *Vicus tuscus*, nomme les Tusculanes de Cicéron, et Atria, ville, l'*atrium*; — Gabies, qui donne son nom à une pudique Diane, serait peut-être issue de Gabès, celt-lige. En tout cas, l'antiquité est telle que

(1) Opinion autant affirmée par Beulé et des Vergers, que peu soutenue par Mommsen.

l'Étrurie et la Sicile, un de ses aboutissants, avaient des théâtres en pierre et en marbre d'une origine inconnue, alors que les Athéniens en étaient encore aux tréteaux. Ce qui tend à fortifier l'idée, chaque jour plus accréditée, que l'existence de l'Étrurie serait un peu antérieure à celle de la Grèce, procédant plus de l'Asie continentale que de la péninsule achaïque (1).

Un exilé de Corinthe, devenu lucumon, a un fils, Tarquin l'Ancien, roi de Rome. Tarquin le Superbe ne gouvernait pas de Tarquinies ; chassé de Rome, il s'était retiré avec ses deux fils à Cœré, celle qui donne lieu à *Cerémonie*. — L'époque Tarquine confirme le lien entre le nord de l'Italie et la ligne du Tibre, celle-ci tirant des deux côtés, mais plus au sud ; l'élément de race étant aux prises avec le grec par Metaponte, Tarente et la Lucanie.

Tarquin trouve asile auprès de Porsenna, chef militaire ; et Rome, d'après le grave Tacite, se rend à Porsenna. La république, dans ce Latium qui s'étend au plus comme un département de 272 kilomètres carrés, aurait imité la Grèce chassant les Pisistratides et recourant aux dictatures de Thémistocle, Cimon, Périclès.

Mais la création des tribuns du peuple fut une révolution plus importante pour la liberté romaine que l'expulsion des Tarquins. Les troubles intérieurs se compliquèrent des incessantes guerres avec ces Véïens, Volsques, Èques et Sabins qui portaient ombrage à l'embryon latin. En effet, comment des

---

(1) On donne pour preuve les lits funèbres en terre cuite imités de ceux en pierre de Lydie.

parvenus, d'un naturel ambitieux et remuant, se seraient-ils accommodés de ces voisins aux mœurs paisibles, religieuses, sages, industrieuses de l'Étrurie, populations fières de leur antique tradition et plus portées par leur race ou l'éducation première aux travaux de la paix qu'à ceux de la guerre ? On ignore trop l'importance de villes comme Véies dont le siége fut si long, si pénible et la prise significative au point de marquer le commencement de la suprématie romaine.

Ainsi, la fondation et l'agrandissement de Rome apparaissent des conséquences logiques ; et l'histoire de la cité-mère ne s'est montrée sous un plus véritable jour, qu'à l'aide de l'archéologie italique, récemment étudiée, ou d'une synthèse mieux appliquée.

INSCRIPTIONS, SCIENCES ET ARTS.

ᴇs sciences, l'agriculture surtout, avaient fait des progrès surprenants, constatés par les drainages pour l'assainissement des terres basses et humides. On sait beaucoup par l'examen des sépultures, les débris antiques, l'égout collecteur, *cloaca maxima*, subsistant encore à Rome, chef-d'œuvre imité. Les publications gravées (1), les cartes géographiques, celle de Théodose, entre autres, l'an 400; celle de 1420, annexée au manuscrit de Ptolémée à la bibliothèque Laurentienne; celle de 1500, à la Magliabecchiana; en outre, les écrits des historiens répandent la clarté sur une contrée dont l'importance est chaque jour mieux comprise.

---

(1) Gori, Micali. *Florence*, 1737-1844.

L'épigraphie viendra ajouter à nos connaissances ; si on la rapproche des ornements anciens, elle offre le coup-d'œil d'une chose gauloise : un bracelet de bronze, par exemple, sur lequel seraient gravées des rayures parallèles opposées par le sommet et des cannelures romanes.

Le monument précieux de la race conquérante Ombro-Samnite, trouvé au XVe siècle (1444), dans les ruines d'un théâtre, se nomme « *Tables Engubines*, » des Iguviniens (peuple ombrien) (1). Son écriture, différente de l'étrusque, quoique avec certains rapports, serait, d'après Niebuhr, presque analogue au latin.

L'épigraphie varie (2) selon les époques, les tendances de l'esprit, et ressemble à l'écriture, science d'origine, qui prend la forme communiquée par la disposition du cerveau combinée avec l'adresse digitale. Quant aux abréviations, si usitées, elles remonteraient à la plus haute antiquité grecque ou latine. Sous l'Empire, elles atteignaient des formes presque illisibles pour les novices (3).

On sait que S est parfois remplacé par C et que deux C C équivalent à G.

Quant à l'art étrusque proprement dit, mieux défini par notre siècle que par le précédent, il est digne de maintenir son originalité au milieu des apports égyptiens, grecs et romains, qui finissent par l'annihiler, sans avoir pu le com-

---

(1) Michel Bréal. 1 vol. 1875.

(2) *Corpus inscriptionum Semiticarum*. — Inscriptions de Rosette, d'Ancyre.

(3) WILMANNS : *Recueil des Inscriptions*.

plètement modifier (1). — Rien de plus archaïque que ces mosaïques (2) et ces peintures, notamment les belles fresques de Vulci. Tous les ouvriers de la fresque partirent de là (3). L'industrie du bronze fut poussée si loin que les objets étaient constamment introduits et achetés en Gaule, à l'exception des miroirs (4). La patine vert-bleuâtre de ces bronzes *(ærugo)* comprend toutes les teintes métalliques. La bijouterie s'étalait gracieusement variée, et l'orfévrerie soignée. J'ai observé le ceinturon de bronze aux musées des deux peuples, même format, avec de légères variantes dans le dessin.

Il convient de noter que le goût général est comme le trait-d'union entre l'antique et la barbarie gall-germanique. Nos Gaulois ont des affinités indéniables avec les Étrusques. En Toscane, à Saturnia et à S.-Marinella, les mêmes tombeaux que dans la Gaule, la Grande-Bretagne ; et dans quelques tombes de l'Apennin, les armes gauloises de la Marne (*Senones* et autres).

Je cite volontiers, parmi les aperçus esthétiques, un exemple à portée : la pose de Charles-Quint rejetant le pied droit en arrière ; mode Renaissance empruntée à Mercure, souvent représenté dans cette attitude, comme certaines divinités qui ont l'élégance et moins de majesté que Saturne, Jupiter, etc. Autre exemple, dans le maintien monachique et la vulgarisation de

---

(1) DESJARDINS : *Art des Étrusques.*
(2) Pline, Barbet de Jouy, Labarte.
(3) PLINE : *Catalogue des établissements Étrusques.*
(4) GERHARD : *Etruskische Spiegel.* Berlin, 1841.

la cagoule : Télesphore, fils d'Esculape, dieu de la convales-
cence, statuette qui porte le capuce. Pourquoi, sur ce terrain,
méconnaître la faveur accordée par les Toscans aux capucins
(ceux de Montenero à Livourne)?

CÉRAMIE.

ᴇꜱ peuples, d'après Denys d'Halicarnasse, ne ressemblent à aucun peuple. — D'après les historiens de l'école allemande, on ne saurait les allier aux Grecs. De fait, les vases à façon corinthienne (1) pourraient n'être que des importations, car le vrai vase étrusque s'éloigne assez, par la couleur noire et la naïve tournure de l'ordonnance hellénique, de ces modèles des nôtres du centre français, région riche sous ce rapport et la plus vraiment gauloise.

La céramie, comme art universel, nous vient en aide (2). Déjà, le marbre de Luna (Carrare) permettait de bonnes exé-

(1) V. les vases de la collection du Louvre.
(2) Conestabile : *Monuments de Pérouse.* 4 vol. Turin. Lœscher.

cutions. A Volterre, on possède plus de 400 urnes en albâtre ; à Arezzo, les poteries rouges, natives, originales.

On les nomme à tort Samiennes (1), comme certains gréco-campaniens, vases étrusques. Ces prétendus Samiens, puisque Samos avait débuté mille ans avant notre ère, inspirés par une poterie non lustrée de l'Archipel, ne sont que le gracieux effet de l'élément étrusco-gall au milieu de l'occupation romaine, poterie rouge vernie, presque toujours sigillée (2), produit de la sanguine argileuse et de la soude.

La contrée pennine est argilifère. Elle a deux catégories de vases qui lui sont propres : 1° les hautes urnes d'un rouge brique vineux, au grain un peu grossier, cannelées perpendiculairement, avec la bande transversale supérieure, sur laquelle courent des feuilles et des animaux dont beaucoup de cerfs *(dolios* avec son *focolare*, coupe ou brasier) ; 2° les poteries fines à teinte noire (Chiusi), accusant les formes les plus variées et une sorte d'imperfection rudimentaire, rappelant la tournure celt-indianite. Chacun les connaît et le Louvre les étale à profusion. On voit partout ces coupes, ces buires (3), ces ustensiles paraissant propres à la cuisine, aux bains (4), etc. Il est permis de croire que l'influence descendue en Campanie a pu faire naître le vase

---

(1) Quelques écrivains en céramie antique s'appuyent à tort sur les textes de Cicéron ou d'Horace.

(2) *Patera filicata, hederata.*

(3) DE WITTE : *Élite des monuments céramographiques,* puis le *Catalogue étrusque.*

(4) Plaute, Horace, Juvénal.

campanien, autrement dit, vase peint. D'où, l'intérêt éminemment historique de l'art étrusque.

Une variété d'urnes cinéraires a été nommée *vasi di bucchero*, pour avoir été trouvée dans les fours, les *luccoli*.

En voyant les objets fabriqués, on y trouve comme une barbarie éloignée de la beauté grecque ; et je suis toujours plus disposé à soutenir que les vases dits vulgairement étrusques et toutes œuvres pareilles aux grecques d'un style asiatique, n'ont pas été fabriqués sur les lieux, mais importés bien avant la fondation de Rome.

De tout ce qui précède, il semble résulter que l'Étrurie fut la terre des terres ; encore un centre où se sont fondues les races comme les minerais en ses fourneaux.

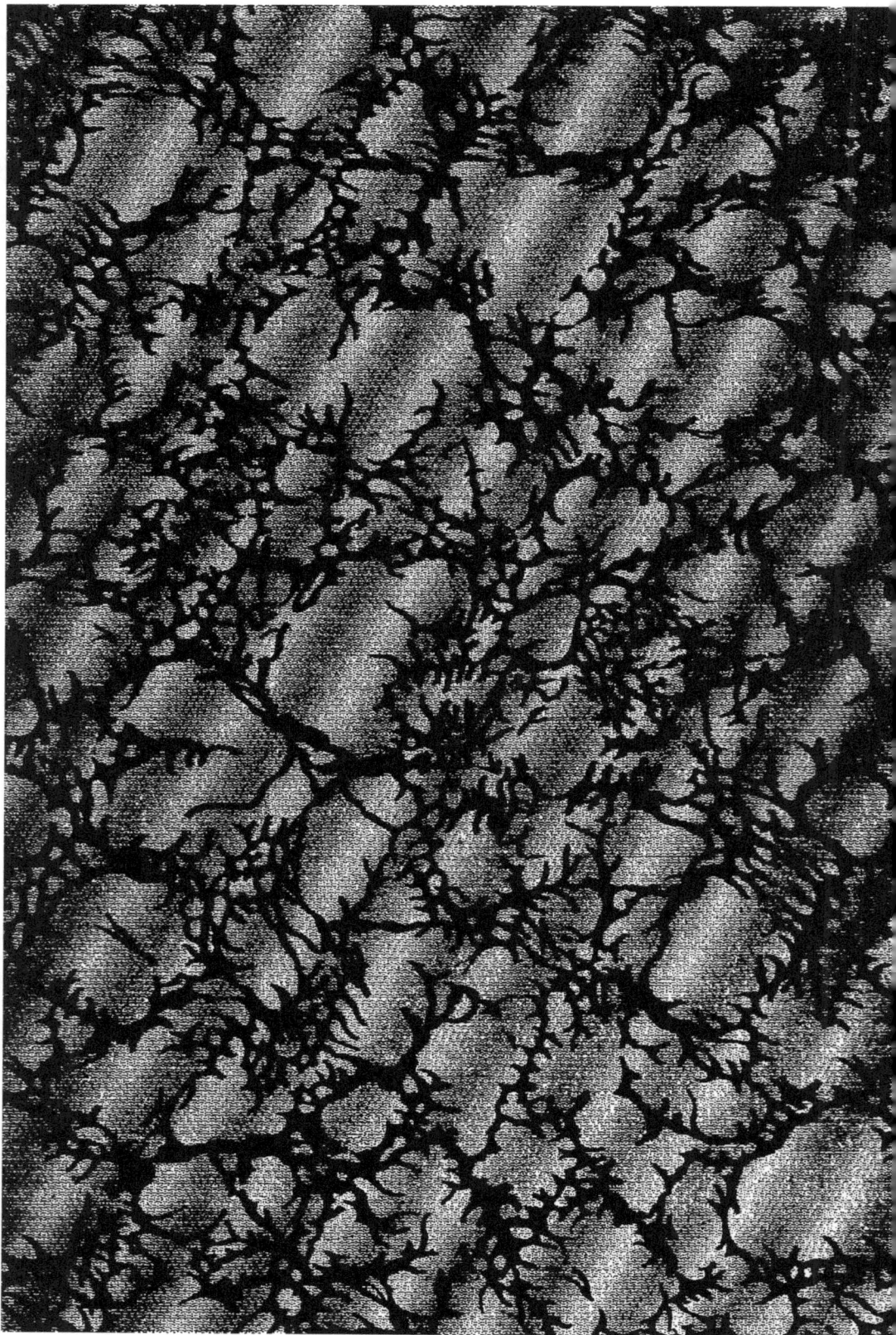

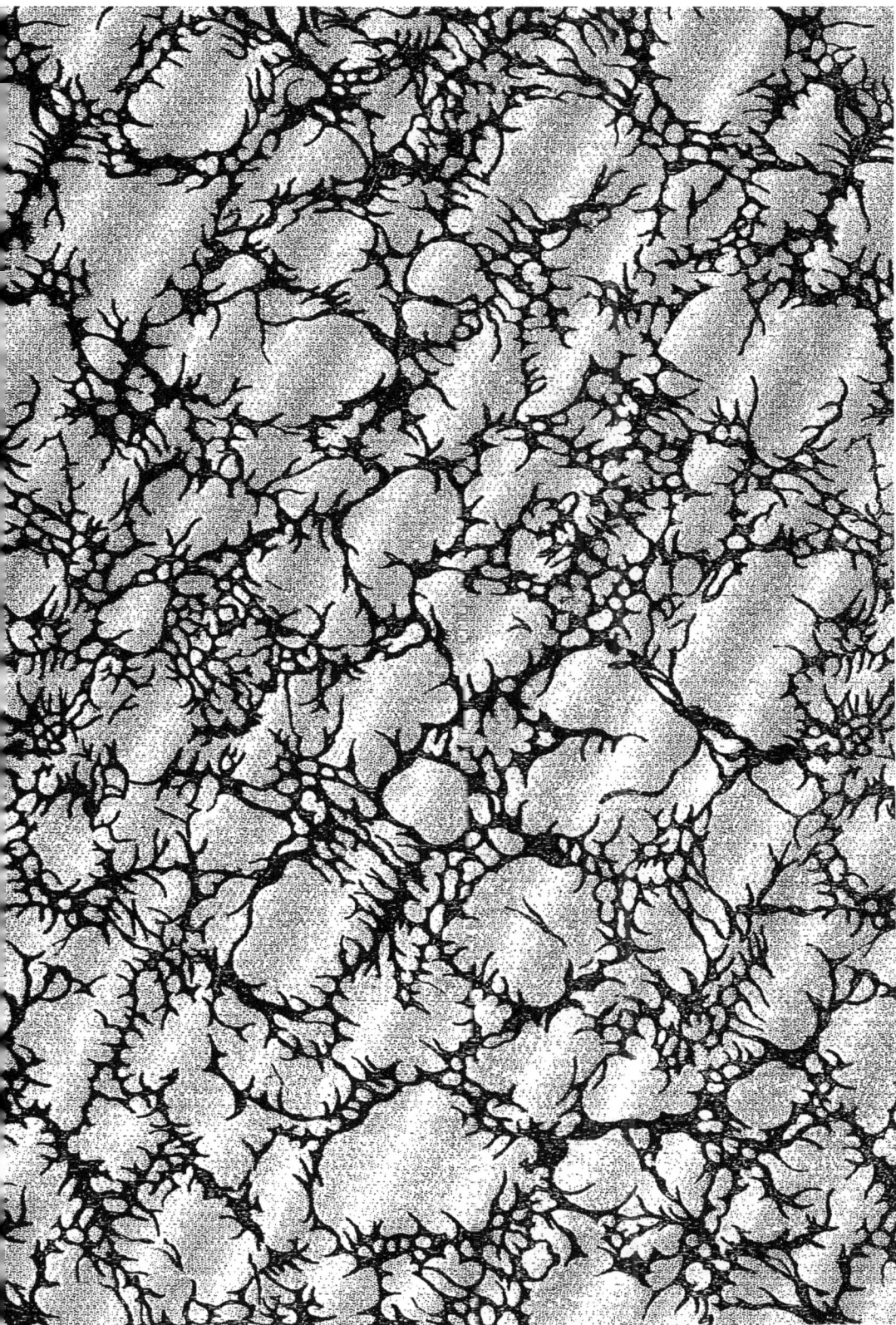

www.ingramcontent.com/pod-product-compliance
Lightning Source LLC
Chambersburg PA
CBHW072033090426

42733CB00032B/1401